Desarrolle Los Líderes Que Están Alrededor de Usted

JOHN C. MAXWELL

BETANIA

Un Sello de Editorial Caribe

© 1996 EDITORIAL CARIBE
Una división de Thomas Nelson
P.O. Box 141000
Nashville, TN 37214-1000, EE.UU.

Título del original en inglés:
Developing the Leader Around You
© 1993 por *Injoy Inc.*
Publicado por *Thomas Nelson Publishers*

Traductor: *Ricardo Acosta*

ISBN: 0-88113-265-9

Impreso en EE.UU.
Printed in U.S.A.

E-mail: caribe@editorialcaribe.com
13ª Impresión
www.caribebetania.com

Dedico este libro a quienes me han hecho progresar:

A mi hermano, Larry Maxwell, quien estimuló en mí el
   deseo de crecer mentalmente;
A mi profesor de la Escuela Dominical,
   Glenn Leatherwood, quien me inspiró a tener
   un corazón dispuesto para Dios;
A mi entrenador de baloncesto en el colegio, Don Neff,
   quien me infundió el deseo de ganar;
A mi pastor y amigo, Elmer Towns, quien fortaleció mi
   deseo de alcanzar mi potencial;
Y por sobre todo a mi padre, Melvin Maxwell, mi guía de
   toda la vida. Hoy en día soy un líder gracias al tiempo
   que todos ustedes invirtieron en mi desarrollo.

CONTENIDO

La pregunta clave del líder:

¿ESTOY FORJANDO LÍDERES POTENCIALES?

Después de trabajar hasta tarde, una noche tomé un ejemplar de la revista *Sports Illustrated* con la esperanza de que su lectura me hiciera dormir. Ocurrió lo contrario. En la cubierta posterior había un anuncio que llamó mi atención y puso a flotar mi imaginación. Se trataba de una foto de John Wooden, el entrenador que durante muchos años dirigió al equipo de futból de los Bears de la Universidad de California [UCLA]. El comentario bajo la foto rezaba: «El hombre que pasa las pelotas por el cesto tiene diez manos».

John Wooden fue un extraordinario entrenador de baloncesto. Llamado el mago de Westwood, llevó a UCLA a ganar diez campeonatos en un período de doce años. En el competitivo mundo de los deportes, dos campeonatos consecutivos constituyen algo insólito, pero él llevó al equipo a *siete títulos seguidos*. Se requirió de un nivel constante de juego de primera calidad, de un buen entrenamiento y de una práctica sacrificada. Pero la clave del éxito de los Bears fue la persistente dedicación del entrenador Wooden a su concepto de trabajo en equipo.

Él sabía que si uno es supervisor y desea levantar líderes tiene que: 1) apreciarlos por lo que son, 2) creer que darán lo mejor de sí mismos, 3) elogiar sus logros y 4) aceptar la responsabilidad que tiene con ellos como su líder.

El entrenador Bear Bryant expresó este mismo sentir cuando dijo: «Simplemente soy un instrumento de labranza en Arkansas, pero he aprendido cómo mantener unido a un equipo, cómo levantar a algunos hombres, cómo tranquilizar a otros, hasta que como equipo finalmente consigan latir juntos. Siempre digo tres cosas: Si algo sale mal, yo lo hice. Si algo sale regular, entonces lo hicimos. Si algo sale verdaderamente bien, lo hicieron ellos. Esto es todo lo que se necesita para que la gente gane». Bear Bryant ganó gente y juegos. Hasta hace unos pocos años tenía el mayor número de triunfos en la historia del fútbol colegial.

Todos los grandes líderes, los triunfadores que se encuentran en la cumbre del uno por ciento, tienen algo en común: saben que conseguir y mantener a los mejores es la tarea más importante del líder. Una organización no puede aumentar su productividad, ¡pero sus individuos sí pueden hacerlo! El personal es el capital más importante de una organización. Los sistemas se vuelven obsoletos. Los edificios se deterioran. La maquinaria se desgasta. Pero las personas pueden crecer, desarrollarse y llegar a ser más eficientes si cuentan con un líder que entienda su valor potencial.

> **Reclutar y mantener gente de calibre es la tarea más importante del líder.**

En resumidas cuentas, y es el mensaje esencial de este libro, que uno no puede triunfar solo. Si uno desea ser un buen líder, debe levantar otros líderes a su alrededor. Debe establecer un equipo. Debe hallar la manera de que otros capten su visión, la implementen y colaboren en materializarla. El líder vislumbra la gran imagen mental, pero necesita que otros le ayuden a que este panorama se haga realidad.

La mayoría de los líderes tienen seguidores, y ganar más y más constituye el éxito de su liderazgo. Son pocos los líderes que se rodean de otros líderes. Los que lo hacen benefician enormemente a sus organizaciones. No sólo se aligeran la carga, sino que su visión se desarrolla y se amplía.

POR QUÉ LOS LÍDERES DEBEN REPRODUCIR LÍDERES

El secreto de rodearse de otros líderes es encontrar a los mejores elementos, y convertirlos en los mejores líderes que puedan llegar a ser. Los grandes líderes producen otros líderes. Permítame decirle por qué:

QUIENES SE ENCUENTRAN CERCA DEL LÍDER DETERMINAN EL NIVEL DE ÉXITO DE ESE LÍDER

El principio fundamental de liderazgo que he aprendido durante veinticinco años guiando personas es que quienes se encuentran cerca del líder determinan el nivel de éxito de ese líder. Una declaración negativa de esta afirmación es también cierta: quienes están cerca del líder determinan su nivel de fracaso. En otras palabras, las personas que están cerca de mí «me levantan o me aniquilan». El resultado negativo o positivo en mi liderazgo depende de mi habilidad de reconocer el valor que otros pueden aportar a mi organización y a mí mismo. Mi afán no es buscar una multitud de seguidores, sino desarrollar líderes que se conviertan en un movimiento.

Deténgase a pensar por un momento en cinco o seis personas íntimamente relacionadas con usted en su organización. ¿Las está forjando? ¿Tiene una estrategia para ellas? ¿Están creciendo? ¿Han sido capaces de ayudarle con su carga?

Dentro de mis organizaciones (el Instituto de Desarrollo de Liderazgo INJOY y la Iglesia Skyline Wesleyan) se recalca continuamente el desarrollo del liderazgo. En la primera sesión de entrenamiento imparto este principio a los nuevos líderes: *Como líder potencial usted es un activo o un pasivo para la organización.* Ilustro esta verdad cuando digo: «Si hay un problema, un "incendio", en la organización, usted como líder es a menudo

9

el primero en entrar en escena. Tiene en sus manos dos recipientes: uno contiene agua y el otro gasolina. La "chispa" se convertirá en un problema mayor si usted lanza la gasolina, o se extinguirá si utiliza el balde con agua».

Cada persona en su organización también trae consigo dos baldes. La pregunta que un líder debe hacerse es: «¿Las estoy entrenando para usar el agua o la gasolina?»

EL CRECIMIENTO POTENCIAL DE UNA ORGANIZACIÓN ESTÁ DIRECTAMENTE RELACIONADO AL POTENCIAL DE SU PERSONAL

Con frecuencia hago la siguiente declaración cuando dirijo charlas sobre liderazgo: «Desarrolle un líder = fortalezca la organización». Una compañía no puede crecer sino hasta que crezcan sus líderes.

Desarrolle un líder: fortalezca la organización.

Me asombra continuamente la cantidad de dinero, energía y enfoques de mercadotecnia que las organizaciones emplean en áreas que no producen crecimiento alguno. ¿Por qué hacer saber que el cliente es el número uno, si no se ha entrenado al personal en el servicio al cliente? Cuando los clientes lleguen, se darán cuenta de la diferencia entre un empleado que ha recibido entrenamiento para dar servicio y otro que no. Panfletos ingeniosos y lemas pegajosos no esconderán un liderazgo incompetente.

En 1981 me convertí en pastor principal de la Iglesia Skyline Wesleyan, en San Diego, California. Desde 1969 hasta 1981 esta congregación tenía un promedio de mil asistentes, y se encontraba en un obvio período de estancamiento. Lo primero que pregunté cuando asumí las responsabilidades de liderazgo fue: «¿Por qué se detuvo el crecimiento?» Debía encontrar una respuesta, por lo tanto convoqué a mi primera reunión de personal y pronuncié una charla titulada *La línea de liderazgo*.

Mi tesis era que «los líderes deciden el nivel de una organización». Tracé una línea a lo largo de la pizarra y escribí el número «1.000». Les comuniqué que el promedio de asistencia a Skyline durante treinta años había sido de mil. Sabía que ellos podían guiar eficientemente a mil personas. Lo que no sabía era si podrían guiar a dos mil. Así que tracé una línea punteada, escribí el número «2.000» y coloqué un signo de interrogación entre ambas líneas. Luego dibujé una flecha desde la línea inferior 1.000 hasta la superior 2.000 y escribí la palabra «cambio».

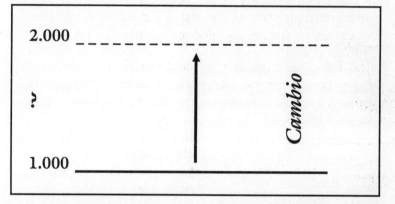

Mi responsabilidad sería prepararlos y ayudarlos a lograr los cambios necesarios para alcanzar nuestra nueva meta. Sabía que el crecimiento llegaría de inmediato cuando los líderes cambiaran positivamente. Ahora, tendría que ayudarlos a cambiar o sabía que literalmente tendría que reemplazarlos.

Desde 1981 he pronunciado en tres ocasiones esta charla en Skyline. La última vez se colocó el número 4.000 en la línea superior. Por consiguiente, he descubierto que los números cambian, no así la charla. La fortaleza de cualquier organización es el resultado directo de la fortaleza de sus líderes. Líderes débiles significan organizaciones débiles. Líderes brillantes hacen organizaciones brillantes. Todo se levanta o se cae desde el liderazgo.

**Todo se levanta
o se cae
desde el liderazgo.**

LOS LÍDERES POTENCIALES
AYUDAN A LLEVAR LAS CARGAS

El comerciante Rolland Young dijo: «¡Me hice a mí mismo, pero pienso que si tuviera que volverlo a hacer, llamaría a alguien más!» Por lo general los líderes fracasan en desarrollar a otros líderes, ya sea porque les falta entrenamiento o porque asumen actitudes equivocadas respecto a permitir y animar a otros a que caminen a su lado. Erradamente, y con frecuencia, los líderes equivocados creen que deben competir con las personas cercanas a ellos, en vez de trabajar con ellas. Los grandes líderes tienen un modo diferente de pensar. En *Profiles in Courage* [Perfiles de valor], John F. Kennedy escribió: «La mejor manera de salir adelante es llevarse bien con otros». Esta clase de interrelación positiva puede suceder sólo si el líder tiene una actitud de interdependencia con otros y está comprometido a una doble ganancia de relaciones.

Dé una mirada a las diferencias entre los dos puntos de vista que tienen los líderes acerca de las personas:

Ganar por competencia	*Ganar por colaboración*
Ver a los demás como enemigos	Ver a los demás como amigos
Concentrarse en sí mismo	Concentrarse en los demás
Sospechar de los demás	Ser apoyo de los demás
Ganar sólo si se es bueno	Ganar si usted o los demás son buenos
Sus destrezas determinan el triunfo	Las destrezas de muchos determinan el triunfo
Pequeña victoria	Gran victoria
Poca alegría	Mucha alegría
Existen ganadores y perdedores	Sólo existen ganadores

Peter Drucker acertó al señalar: «Ningún ejecutivo sufre debido a que sus subalternos son brillantes y eficientes». Los líderes que me rodean sostienen mi carga de muchas maneras. He aquí dos de las más importantes:

Se convierten en mi caja de resonancia

Como líder, algunas veces escucho consejos que no deseo, pero que debo escuchar. Esta es la ventaja de tener líderes a mi alrededor; personas que saben tomar decisiones. Sus seguidores le dicen lo que desea oír. Sus líderes le dicen lo que debe oír.

Siempre he incitado a quienes están cerca de mí a que me aconsejen antes del final. En otras palabras, una opinión dada antes de una decisión tiene un valor potencial. Una opinión dada después de que se ha tomado una decisión es inútil. Alex Agase, un entrenador de fútbol colegial, dijo en una ocasión: «Si quieres realmente darme un consejo, dámelo el sábado entre la una y las cuatro de la tarde, cuando tengas veinticinco segundos para hacerlo, entre movida y movida. No me des el consejo el lunes. Sé lo que se hace el lunes».

Tienen mentalidad de liderazgo

Los líderes hacen más que trabajar con el líder: piensan como líderes. Esto les confiere el poder de aligerar la carga. Esto es de incalculable valor a la hora de tomar decisiones, discutir ideas y brindar seguridad y guía a otros.

Las oportunidades y responsabilidades nacionales me alejan a menudo de mi congregación. Para mí es esencial tener líderes que puedan hacerse cargo de ella eficientemente mientras estoy fuera. Y lo hacen. Esto es posible porque me he pasado la vida buscando y desarrollando líderes potenciales. Los resultados son muy gratificantes.

Esta mentalidad de ayudar con la carga la demuestran de manera maravillosa los gansos, según lo ilustra Tom Worsham:

Cuando en el invierno vea a los gansos dirigirse hacia el sur volando en formación «V», quizás le interese saber que la ciencia ha descubierto por qué vuelan de ese modo. La observación ha revelado que mientras cada ave bate sus alas le crea un vacío a la compañera que tiene detrás. Volando en formación «V», la bandada añade al menos un 71% a la distancia que pudieran volar si lo hicieran individualmente *(quienes participan de una dirección conjunta y con un sentido de comunidad logran sus propósitos más rápida y fácilmente, debido a que se impulsan unos a otros).*

Cada vez que un ganso se sale de la formación, siente de inmediato el tirón y la resistencia de tratar de ir solo. Vuelve con rapidez a la formación para aprovechar el poder de elevación del ave que se encuentra frente a él. *(Si como seres humanos tuviéramos tanto sentido común como un ganso, permaneceríamos en formación y lo mismo harían los que llevan el mismo camino.)* Cuando se cansa el ganso que dirige, gira en la «V» y otro toma la delantera. *(Es recomendable turnarse al hacer tareas difíciles.)*

Los gansos de la retaguardia graznan para animar a los de la vanguardia a conservar su velocidad. *(¿Qué intentamos decir cuando tocamos la bocina detrás de otros?)*

Finalmente, cuando un ganso se sale de la formación porque está enfermo o porque lo han herido con un arma de fuego, otros dos gansos también se salen y lo siguen para ayudarlo y protegerlo. Permanecen con él hasta que pueda volar otra vez o hasta que muera, y entonces despegan por sí mismos o en otra formación para alcanzar su grupo *(si sintiéramos como los gansos, permaneceríamos como ellos uno al lado del otro).*

El primero que llamó a alguien «ganso estúpido», no conocía lo suficiente acerca de los gansos.[1]

LOS LÍDERES ATRAEN LÍDERES POTENCIALES

Las aves de un mismo plumaje vuelan juntas. Creo de veras que hay que ser líder para descubrir a un líder, forjar a un líder

---

1. T. Worsham, *Are You a Goose?* [¿Eres un ganso?], *The Arizona Surveyor*, 1992.

y enseñar a un líder. He descubierto también que una de las labores de un líder es atraer líderes.

La atracción es el primer paso obligado, sin embargo encuentro a muchos en posiciones de liderazgo incapaces de desempeñar este oficio. Los líderes verdaderos son capaces de atraer líderes potenciales porque:

- Piensan como ellos.
- Expresan emociones que otros líderes sienten.
- Crean una atmósfera que atrae líderes potenciales.
- No se sienten amenazados por personas con gran potencial.

Por ejemplo, alguien en posición de liderazgo que puede recibir un «5» en una escala de uno a diez no atraerá a un líder que puede recibir un «9». ¿Por qué? Porque por naturaleza los líderes evalúan a los demás y emigran hacia otros líderes de su mismo nivel o uno más elevado.

> **Hay que ser líder para descubrir a un líder, forjar a un líder y enseñar a un líder.**

Cualquier líder que sólo tenga seguidores a su alrededor está condenado a hacer constantemente uso de sus propios recursos para conseguir que se hagan las cosas. Se fatigará y quemará si no tiene otros líderes que le ayuden con su carga. ¿Se ha preguntado usted últimamente: «¿Estoy cansado?» Si la respuesta es afirmativa, puede que tenga una buena razón, como lo ilustra esta cómica anécdota:

En algún lugar del planeta existe un país con una población de doscientos veinte millones de habitantes. Ochenta y cuatro millones tienen más de sesenta años, lo que deja 136 millones que trabajan. Los menores de veinte años totalizan noventa y cinco millones, lo que deja cuarenta y un millones que trabajan.

Hay veintidós millones de empleados del gobierno, lo que deja diecinueve millones que trabajan. Cuatro millones están en las Fuerzas Armadas, lo que deja quince millones que trabajan. Reste 14'800.000 que trabajan en oficinas estatales y municipales, lo que deja 200.000 que trabajan. Hay 188.000 en hospitales y clínicas mentales, lo que deja 12.000 que trabajan.

Es interesante anotar que en este país hay 11.998 personas en la cárcel, lo que deja exactamente dos personas para llevar la carga. Hermano, esos somos usted y yo, ¡y estoy cansado de hacerlo todo!

A menos que usted mismo quiera llevar toda la carga del mundo entero, tiene que desarrollar líderes.

LOS LÍDERES QUE GUÍAN LÍDERES POTENCIALES MULTIPLICAN SU EFICACIA

No hace mucho tiempo, en un congreso en que hablaba Peter Drucker, experto en administración, treinta de mis líderes y yo recibimos reiteradamente el reto de levantar y guiar otros líderes. Peter nos preguntó: «¿Quién tomará tu lugar?», y recalcó: «No hay éxito sin un sucesor».

Salí de esa reunión con una determinación: *Levantaría líderes que a su vez pudieran levantar otros líderes.* Ya no bastaba crecer añadiendo líderes. Me propuse *multiplicar* esos líderes. Para lograrlo, empecé a entrenarlos en el delicado arte de establecer parámetros y prioridades. Quise que ganaran una profunda comprensión de nuestras metas, y que luego se adentraran en nuestra organización y prepararan a otros para que algún día los reemplazaran o los ayudaran a llevar la carga.

No hay éxito sin un sucesor.

La junta de directores de mi organización ha sido siempre mi foco de atención en cuanto al desarrollo de líderes. En 1989, la mitad de los miembros de la junta eran novatos, y el grupo enfrentó importantes decisiones sobre un proyecto de reubicación de treinta y cinco millones de dólares. Yo estaba preocupado. ¿Podrían mis bisoños tomar decisiones de tal envergadura? Sin embargo, mis temores se apaciguaron en la siguiente reunión de la junta en que descubrí que los antiguos y experimentados miembros habían entrenado a cada uno de los nuevos. La junta anterior había escuchado y puesto en práctica mis enseñanzas, y ahora la nueva junta se beneficiaba. Los nuevos miembros habían arribado a sus cargos marchando con el resto de nosotros. Fue entonces cuando aprendí una importante lección: *Los líderes crean e inspiran nuevos líderes al inculcarles fe en sus habilidades de liderazgo, y ayudándoles a desarrollar y afilar las habilidades de liderazgo que no saben que tienen.*

Mi experiencia con la junta enseña lo que sucede cuando las personas trabajan en equipo, hombro a hombro. Cuando se trabaja por una causa común uno no *suma* en cuanto a crecimiento potencial. Uno *multiplica* las fuerzas. La siguiente anécdota ilustra un poco lo que digo:

En una feria del medio oriente, muchos espectadores acudieron a un antiguo concurso de caballos de tiro (evento en que se colocan varias pesas a una calesa tirada por un caballo que la debe halar a lo largo de la pista). El gran campeón de los caballos haló una calesa con 2.000 kilos. El siguiente estuvo cerca: 1.900 kilos. Algunos de los hombres se preguntaban cuánto podrían halar los dos caballos juntos. Por separado halaba en total casi 4.000 kilos, pero cuando los juntaron y los pusieron a trabajar en equipo, halaron más de 6.000.

LOS LÍDERES DESARROLLADOS EXTIENDEN Y REALZAN EL FUTURO DE LA ORGANIZACIÓN

Hace poco se me pidió en un congreso que hablara del tema: *Cómo estructurar su organización para el crecimiento.* Amablemente me negué. Estoy convencido de que la estructura puede añadir crecimiento, pero no darlo. El encuestador George Barna dijo: «Las grandes organizaciones pueden tener líderes brillantes y mala estructura, pero nunca he visto una gran organización que tuviera una estructura brillante y líderes malos». La estructura puede establecer la diferencia entre una buena y una mala organización. Sin embargo, la diferencia entre una buena y una brillante organización es el liderazgo.

Henry Ford lo sabía cuando dijo: «Puedes tomar mis fábricas y quemar mis edificios, pero dame mi personal y de nuevo mi negocio funcionará perfectamente». ¿Qué sabía Henry Ford que muchas otras personas en posiciones de liderazgo no supieran? Sabía que los edificios y la burocracia no eran primordiales para crecer. Una compañía se debe organizar alrededor de la meta que está tratando de cumplir, no alrededor de lo que se ha hecho. He visto individuos de una organización que hacen las cosas de una manera particular sólo porque la burocracia establece que así se debe hacer, aun cuando esto dificulta lo que la organización trata de lograr. Organícese por tareas, no por funciones.

Con mucha frecuencia somos como la comunidad que construyó un nuevo puente:

> Los residentes de un poblado construyeron un puente nuevo. Después se dijeron que si contaban con un nuevo puente era mejor que contrataran a un celador para que lo vigilara. Y eso hicieron. Alguien cayó en la cuenta de que el vigilante necesitaba un salario, por lo tanto contrataron a un contador. Este hizo ver que se necesitaba un tesorero. Con un vigilante, un contador y un tesorero, debían tener un administrador, así que eligieron uno. Como el Congreso aprobó una disminución en el presupuesto, tuvieron que recortar el personal. ¡Despidieron al vigilante!

No permita que las maquinaciones o intrigas de su organización le hagan perder la visión de lo que debe realizar.

Una de las cosas que me enseñó mi padre fue la importancia de las personas por sobre los demás elementos en una organización. Fue presidente de una universidad durante dieciséis años. Un día, sentados en un banco de los jardines, me explicó que los trabajadores más caros para la universidad no eran los que ganban más. Los más costosos eran los improductivos. Explicó que desarrollar líderes costaba tiempo y dinero. Por lo general hay que pagar más a los líderes. Pero estos constituyen un activo inapreciable. Atraen personas de mayor calidad; son más productivos y continuamente agregan valor a la organización. Concluyó la conversación manifestando: «La mayor parte de las personas son productivas cuando tienen deseos de hacerlo. Los líderes son productivos aun cuando no tengan deseos de hacerlo».

MIENTRAS MÁS PERSONAS DIRIJA, MÁS LÍDERES NECESITA

Moisés fue el más grande líder del Antiguo Testamento. ¿Le gustaría a usted reubicar a millón y medio de personas quejumbrosas? Fue difícil y agotador. A medida que crecía su nación, Moisés se sentía más cansado y las necesidades del pueblo no se satisfacían.

¿El problema? Moisés trataba de hacerlo todo. Su *desorganigrama* era algo similar al de la página siguiente.

Jetro, el suegro de Moisés, le sugirió que buscara, reclutara y entrenara otros líderes que lo ayudaran con sus responsabilidades de líder. Moisés hizo caso a este consejo, y en seguida se buscó otros líderes que le ayudaron a llevar la carga. ¿El resultado? Este cambio necesario dio fortaleza a Moisés y lo capacitó para satisfacer todas las necesidades del pueblo.

Zig Ziglar dice: «El éxito es la máxima utilización de las habilidades que uno tiene». Creo que el éxito de un líder se puede definir como *la máxima utilización de las habilidades de los subalternos*. Andrew Carnegie lo explicó así: «Quiero que mi epitafio diga: "Aquí yace un hombre que se supo rodear de hombres que sabían más que él"». Mi anhelo es que las páginas siguientes le ayuden a hacer exactamente eso.

Líder
Moisés

	Moisés				Moisés	
Agricultura	**Banca**	**Bautismos**		**Trueques**	**Vestimenta**	**Reclamos**
Moisés	Moisés	Moisés		Moisés	Moisés	Moisés
Comunicaciones	**Construcción**	**Artes**		**Lechería**	**Muertes**	**Dietéticos**
Moisés	Moisés	Moisés		Moisés	Moisés	Moisés
Disciplina	**Educación**	**Empleos**		**Entretenimiento**	**Agricultura**	**Alimentos**
Moisés	Moisés	Moisés		Moisés	Moisés	Moisés
Combustible	**Salud**	**Inmigración**		**Justicia**	**Ganadería**	**Mantenimiento**
Moisés	Moisés	Moisés		Moisés	Moisés	Moisés
Manufacturas	**Matrimonios**	**Ética**		**Ofrendas**	**Protección**	**Compras**
Moisés	Moisés	Moisés		Moisés	Moisés	Moisés
Archivo	**Religión**	**Renta**		**Seguridad**	**Limpieza**	**Redacción**
Moisés	Moisés	Moisés		Moisés	Moisés	Moisés
Servidores	**Refugio**	**Consejería**		**Normas**	**Estadísticas**	**Almacenaje**
Moisés	Moisés	Moisés		Moisés	Moisés	Moisés
Suministros	**Impuestos**	**Transporte**		**Viajes**	**Agua**	**Asistencia**
Moisés	Moisés	Moisés		Moisés	Moisés	Moisés

El mayor desafío de un líder:

CREAR UN AMBIENTE PARA LOS LÍDERES POTENCIALES

Quienes creen en nuestra capacidad hacen algo más que estimularnos: crean una atmósfera en la que se nos vuelve más sencillo triunfar. Es vital para cualquier organización crear un ambiente que atraiga líderes. Esta es la tarea de los líderes, los que deben ser activos, deben generar actividad productiva y deben animar, crear y exigir cambios en la organización. Deben crear un clima en el que prosperen los líderes potenciales.

LOS LÍDERES DEBEN SER AGENTES DE CAMBIO AMBIENTAL

Los líderes de cualquier organización deben ser agentes de cambio ambiental. Se deben parecer más a los termostatos que a los termómetros. A primera vista, un individuo podría confundir estos dos instrumentos. Ambos son capaces de medir el calor. Sin embargo, son bastante diferentes. Un termómetro es pasivo; registra la temperatura de su medio, pero no puede hacer nada para cambiarlo. Un termostato es un instrumento activo; determina lo que será el ambiente. Efectúa cambios a fin de ajustar el clima.

La actitud del líder, acoplada con una atmósfera positiva en la organización, puede estimular a las personas a realizar grandes acontecimientos. Y una constante realización genera ímpetu. Muchas veces el ímpetu es la diferencia entre un ganador (clima de crecimiento positivo) y un perdedor (clima de crecimiento negativo).

Los líderes no pueden pasar por alto la importancia del ímpetu:

Con ímpetu, los líderes se ven mejores de lo que en realidad son.

Con ímpetu, los seguidores incrementan su trabajo.

Sin ímpetu, los líderes se ven peores de lo que en realidad son.

Sin ímpetu, los seguidores disminuyen su rendimiento.

El ímpetu es el más grandioso de todos los agentes de cambio. Más de 90% de los buenos cambios que hemos instituido en nuestra organización son la consecuencia de crear ímpetu antes de pedir a las personas que cambien.

Para potencializar al máximo el *valor* del ímpetu, los líderes deben: (1) desarrollar *de antemano* agradecimiento por ese ímpetu, (2) conocer *de inmediato* sus ingredientes clave y (3) *siempre* invertir recursos en él.

La próxima vez que encuentre dificultad en ajustar el ambiente en su compañía, recuerde esta sencilla verdad de las leyes físicas: el agua hierve a cien grados centígrados, pero a noventa y nueve todavía es agua caliente. Un grado extra, un incremento de uno por ciento, puede marcar la diferencia entre una olla de líquido que se consume y un burbujeante caldero de poder. Un grado puede crear una corriente de vapor con poder suficiente para mover un tren que pesa toneladas. Ese grado es generalmente el ímpetu.

Los líderes de algunas organizaciones no reconocen la importancia de crear un clima propicio para desarrollar líderes potenciales. No entienden cómo funciona. El ejecutivo de publicidad William Bernbach, quien entiende la influencia que esto tiene, dijo en una ocasión: «Me da risa siempre que otras agencias tratan

> **El ímpetu es el más grandioso de todos los agentes de cambio.**

de sonsacar a mi personal. Tendrían que "contratar" también el ambiente. Para que florezca, una flor necesita tanto el abono adecuado como la semilla adecuada». Los líderes de una organización no tendrán éxito a menos que se den cuenta de esto, sin importar lo talentosos que sean los individuos que llevan dentro de la empresa. La atmósfera adecuada permite a los líderes potenciales crecer y desarrollarse. Por esto es que la atmósfera se debe valorar y desarrollar con anticipación. Aun cuando un líder de una organización con mal clima robe un líder potencial que empieza a florecer en el «vivero» de una organización saludable, el líder potencial no continuará creciendo ni florecerá. A menos, por supuesto, que el líder haya convertido el ambiente de su propia organización de «ártico» en «tropical».

Observe la naturaleza para que aprecie la relación entre ambiente y crecimiento. Un hombre que bucea en busca de peces exóticos para los acuarios hizo una observación. En su opinión, uno de los peces más populares en los acuarios es el tiburón. Es que los tiburones se adaptan a su ambiente. Si usted atrapa un tiburoncito y lo confina, permanecerá de un tamaño proporcional al acuario donde vive. Los tiburones pueden medir quince centímetros de largo y ser completamente adultos. Sin embargo, devuélvalos al océano y crecerán hasta su tamaño normal.

Lo mismo se aplica a los líderes potenciales. A algunos se les coloca en una organización en la que permanecen pequeños, y el ambiente en que se encuentran confinados les obliga a mantenerse diminutos y subdesarrollados. Solamente los líderes pueden controlar el medio en su organización. Pueden ser los agentes de cambio que crean un clima propicio para crecer.

LOS LÍDERES DEBEN SER EL MODELO DE LIDERAZGO QUE DESEAN

De acuerdo con el célebre misionero médico Albert Schweitzer, «el ejemplo no es la principal influencia sobre los demás... es la única». Parte de la creación de un clima atractivo es modelar el liderazgo. Las personas emulan lo que ven modelado. A modelo positivo, respuesta positiva. A modelo negativo, respuesta negativa. Lo que hacen los líderes también lo hacen los líderes potenciales a su alrededor. Lo que ellos valoran, su equipo también lo valora. Las metas de los líderes se convierten en sus metas. Los líderes dan el tono. Así como sugiere Lee Iacocca: «La velocidad del jefe es la velocidad del equipo». Un líder no puede exigir a los demás lo que no se exige a sí mismo.

Así como usted y yo crecemos y mejoramos como líderes, también lo hacen aquellos a quienes dirigimos. Debemos recordar que cuando los demás nos siguen, pueden ir tan lejos como vayamos nosotros. Si nuestro crecimiento se detiene, nuestra capacidad de guiar también se detiene. Ninguna personalidad o metodología puede ser el substituto del crecimiento personal. No podemos ser modelos de lo que no poseemos. Empiece su aprendizaje y crecimiento hoy, y observe el crecimiento de los que están a su alrededor. Como líder soy principalmente seguidor de los grandes principios y de otros grandes líderes.

ENFÓQUESE EN EL POTENCIAL DEL LÍDER Y DE LA ORGANIZACIÓN

Como declaramos anteriormente, quienes creen en nuestra capacidad hacen más que estimularnos. Crean una atmósfera en la que se vuelve más sencillo triunfar. Lo contrario también es verdad. Cuando un líder no cree en nosotros, el éxito se vuelve muy difícil de lograr. Llega a ser casi un imposible. Como líderes no podemos permitir que esto suceda a los que guiamos, si queremos que nuestra organización sea próspera.

Para asegurar el éxito, identifique el potencial en cada prospecto de líder y cultívelo a la luz de las necesidades de la organización. Esto produce una situación de ganador a ganador. El líder mentor gana debido a que la estrella que se levanta detrás de él puede producir y desarrollarse. La organización gana porque se cumple su cometido. El líder potencial gana porque se desarrolla y mejora. Su futuro se vuelve refulgente.

Una de las mejores aplicaciones de esta idea se expresa en lo que llamo el principio del 101%: *Identifique la mayor cualidad del líder potencial, e inyéctele 100% de entusiasmo en esa área.* Enfatizar las áreas fuertes de una persona le estimula el crecimiento positivo, la confianza y el éxito como líder en potencia.

ENFÓQUESE EN LAS NECESIDADES Y DESEOS DEL LÍDER POTENCIAL

A menudo las personas asocian los grandes logros con varias cosas: suerte, circunstancias o talento natural. El secreto del éxito de una persona parece ser una cualidad elusiva. Hace poco, la Universidad de Chicago realizó un estudio de cinco años de notables artistas, atletas y eruditos para determinar qué los hacía triunfadores. La investigación dirigida por el doctor Benjamín Bloom se basaba en entrevistas anónimas con las veinte personas más prósperas en varios campos. Se incluyó una variedad de profesionales tales como concertistas, nadadores olímpicos, jugadores de tenis, escultores, matemáticos y neurólogos. Bloom y su equipo investigador buscaban la clave del desarrollo de estos grandes ganadores. Para tener una idea más clara, también entrevistaron a sus familiares y maestros. El informe estableció de modo concluyente que el empeño, la determinación y el deseo, no los grandes talentos naturales, llevaron a esos individuos a su extraordinario éxito.

Los grandes líderes conocen los deseos de quienes dirigen. Siempre que los líderes potenciales respeten el conocimiento y la capacidad de sus líderes, estos asuntos son secundarios. No les importa cuánto *saben* sus líderes sino cuánto les *importan* sus necesidades, sueños y deseos. Una vez que un líder se interesa sinceramente en el bienestar de su gente, se activan en ellos de manera trascendental la determinación y el empeño. El punto de partida de todo logro es el empeño, la determinación y el deseo.

Se conoce a Napoleón Bonaparte como uno de los más grandes líderes de la historia. Uno de sus secretos en el liderazgo era el conocimiento de las necesidades de sus hombres. Primero determinaba qué era lo que más querían; luego hacía todo lo posible por ayudarles a conseguirlo. Sabía que esta era una clave para la motivación triunfadora. Sin embargo, la mayoría de los líderes hacen lo contrario: primero determinan lo que *ellos* quieren; y entonces tratan de persuadir a los demás a que quieran lo mismo.

BUSQUE AL LÍDER EN EL INTERIOR DEL INDIVIDUO

Hay que ser un líder con visión para ver al futuro líder dentro de la persona.

No existe futuro en ningún trabajo. El futuro se encuentra en quien desarrolla el trabajo. Hay que ser un líder con visión para ver al futuro líder dentro de la persona. Miguel Ángel, a quien se le preguntó acerca de su obra maestra *David*, respondió que la escultura siempre había estado dentro de la piedra. Él sencillamente había retirado los pedazos que sobraban. Los líderes deben tener esa misma clase de visión cuando observan a los líderes en potencia. Algunas de las cualidades que se deben buscar son las siguientes:

Positivismo:	Habilidad de ver y trabajar con personas y situaciones en una manera positiva.
Voluntad de servir:	Buena disposición para someterse, hacer las cosas en equipo y seguir al líder.
Crecimiento potencial:	Anhelo de crecimiento y desarrollo; habilidad para continuar creciendo a medida que el trabajo se extiende.

Constancia:	Determinación para terminar completamente y con decisión lo que se empieza.
Lealtad:	Buena disposición para colocar al líder y a la organización por encima de los deseos personales.
Capacidad de recuperación:	Habilidad de levantarse cuando aumentan los problemas.
Integridad:	Veracidad y solidez de carácter, tanto en la manera de hablar como de portarse.
Visión de conjunto:	Capacidad de visualizar la organización y todas sus necesidades.
Disciplina:	Buena voluntad para ejecutar lo que se le exige, aunque no se encuentre en buen estado de ánimo.
Gratitud:	Actitud de agradecimiento que se convierte en modo de vivir.

En la búsqueda de estas características dentro de alguien, el líder debería emular a los buscadores de oro: tienen la mirada puesta en potenciales minas de oro. Cada montaña es una oportunidad de riqueza. Cuando encuentran vestigios del mineral, suponen que hay una veta y empiezan a cavar. Como digo a los pastores que dirijo, hay oro en esos banco. Lo mismo es cierto para toda organización. Si siendo un líder, usted encuentra vestigios de oro en su gente, empiece a cavar. ¡Dará con el filón principal!

RESALTE LA PRODUCCIÓN, NO LA POSICIÓN NI LOS TÍTULOS

Las organizaciones que dan gran importancia a los títulos y las posiciones están enseñando a sus empleados a hacer lo mismo. A quienes se desenvuelven en ese ambiente a menudo les preocupa más un ascenso o recibir un título de mejor resonancia. Cuando todo se viene abajo, los títulos no tienen valor. Un gran título no ayuda a un productor pobre. Un modesto título no entorpece a un superproductor. Al igual que el título, la posición tampoco hace a un líder.

En *Desarrolle el líder que está en usted,* describo los cinco niveles de liderazgo: posición, permiso, producción, desarrollo humano y personalidad. La *posición* es el nivel más bajo. Alguien que se apoya en su posición no tendrá nunca mayor influencia que la descripción de su trabajo.

La antigüedad también brinda muy poco. Una encuesta llevada a cabo por una empresa de servicios temporales, en la que se preguntó a los ejecutivos y jefes de personal acerca de los elementos de más influencia en la evaluación de un empleado para un ascenso, arrojó los siguientes resultados: 66% votó por logros específicos, 47% por los hábitos y desempeño del trabajo y sólo 4% citó la antigüedad como algo importante. El tiempo en un trabajo no es el substituto de la producción en ese trabajo.

En una organización que pone énfasis en la producción, la atención y la energía se dedican a cumplir bien el trabajo. Allí hay un espíritu de equipo, con la consecución de la misión de la empresa como meta. Esta es la clase de atmósfera de la que emergen los líderes. Como lo dijo Charles Wilson, presidente de General Electric: «No importa de qué tamaño sea la botella, la crema viene siempre de la parte superior».

PROPORCIONE OPORTUNIDADES DE CRECIMIENTO

Se cuenta de un turista que se detuvo a descansar en un poblado en las montañas. Se dirigió hacia un anciano que estaba sentado en un banco en el porche del único almacén y le preguntó:

—Amigo, ¿puede decirme algo característico de este pueblo?

—Bueno —contestó el anciano—, lo único que sé con certeza es que este es el punto donde empieza el mundo. Usted puede arrancar aquí e ir a cualquier parte que desee.

No todos visualizan su localización corriente como el punto de partida hacia cualquier lugar del mundo. Como líderes debemos estimular a quienes están a nuestro alrededor a que se vean a sí mismos en un lugar como ese. Es de importancia fundamental crear un ambiente para el crecimiento personal. Sin embargo, si quienes están a su alrededor no son conscientes de estar en un medio así, puede ser que no lo aprovechen. Por eso es importante *crear oportunidades de crecimiento*. La otra razón es que los líderes ya establecidos saben qué oportunidades necesita un líder potencial.

Con el fin de crear las oportunidades correctas, debemos observar a los líderes potenciales que hay a nuestro alrededor y preguntarnos: «¿Qué necesita esta persona para crecer?» Una fórmula común no funciona. Si no ajustamos la oportunidad al líder potencial, nos podemos encontrar en la situación de estar proporcionando lo que nuestro personal no necesita.

> **Debemos observar a los líderes potenciales que hay a nuestro alrededor y preguntarnos: «¿Qué necesita esta persona para crecer?»**

Ernest Campbell, un miembro del profesorado en el Seminario Teológico Unión, nos narra una historia esclarecedora:

Una mujer fue a un almacén de mascotas y compró una lora para que le hiciera compañía. Llevó el ave a casa, mas el día siguiente volvió al almacén.

—¡Esta lora todavía no ha dicho ni una palabra! —informó.

—¿Le puso un espejo? —preguntó el tendero—. A las loras les encanta mirarse en el espejo.

Por lo tanto, la mujer compró el espejo y se fue.

Al día siguiente estaba de regreso con la noticia de que el ave aún no hablaba.

—¿Qué de una escalera? —le preguntó el comerciante—. A las loras les encanta subir y bajar escaleras.

Así que la señora compró la escalera y se fue.

Ciertamente, al día siguiente estaba de regreso con la misma historia: la lora todavía no habla.

—¿Tiene la lora un columpio? Las aves se relajan cuando se columpian.

Compró el columpio y se fue.

Al día siguiente regresó al almacén para informar que la lora había muerto.

—Cuánto lo siento —exclamó el tendero—. ¿Dijo algo antes de morir?

—Sí —contestó la dama—, dijo: «¿Es que no venden comida en ese almacén?»

Muchos líderes son como la señora de la historia. Lo único que quieren es que su gente produzca. Cuando no lo hacen, les dan todo lo que los expertos dicen que les gusta. No obstante, los líderes mismos nunca echan una mirada a su personal para ver lo que de veras necesitan.

Mantenga en mente estas ideas de oportunidades de crecimiento cuando examine a los líderes potenciales y determine sus necesidades:

- Muéstreles personas prósperas en su campo.
- Proporcióneles un ambiente seguro en el que se sientan libres de tomar riesgos.
- Póngales un guía experimentado.
- Proporcióneles las herramientas y recursos que necesitan.
- Invierta tiempo y dinero para entrenarlos en lo que sea necesario.

La idea de formar líderes mediante oportunidades de crecimiento se puede sintetizar en este poema escrito por Edwin Markam:

Estamos ciegos hasta que vemos
Que en los planes humanos
Nada vale la pena
Si no edifica al hombre.

¿Por qué edificar ciudades gloriosas
Si al hombre no se edifica?
En vano construimos el mundo
Si el constructor no crece.[1]

CONDUZCA (NO ADMINISTRE) CON VISIÓN

Una parte importante del liderazgo es proyectar la visión. Algunos líderes lo olvidan porque están encasillados en la administración. Los verdaderos líderes reconocen la diferencia entre líderes y administradores. Estos últimos son preservadores que tienden a confiar en sistemas y controles. Los líderes son innovadores y creadores que confían en las personas. Las ideas creativas se vuelven realidad cuando los que están en posición de actuar captan la visión de su líder innovador.

Una visión efectiva muestra guía; da dirección a una organización, dirección esta que no puede resultar eficaz en base a reglas y regulaciones, manuales de políticas o cuadros esquemáticos. La dirección verdadera para una organización nace con una visión. Empieza cuando el líder la acepta. Se acepta cuando el líder la guía. Se vuelve realidad cuando las personas responden.

REALICE GRANDES COSAS

Casi todo lo que un líder hace depende de la visión que tiene. Si es pequeña, pequeños serán los resultados y sus seguidores. Un oficial francés de alto rango entendió esta idea y la expresó a Winston Churchill: «Si usted emprende en grande, atrae grandes hombres. Si lo hace de manera insignificante, atrae hombres insignificantes. Por regla general estos causan problemas». Una visión efectiva atrae a los triunfadores.

Muy a menudo las personas limitan su propio potencial. Piensan en pequeño. Temen tomar riesgos. Los que no están dispuestos a extenderse, no pueden crecer. El escritor Henry

---

1. E. Markham, «El mérito del hombre...»

Drummond lo dijo: «Un hombre nunca hará todo lo que puede hacer, a menos que se comprometa a más de lo que puede dar».

INVIERTA MAYOR ESFUERZO EN LAS «LIGAS MENORES» QUE EN LOS JUGADORES LIBRES

Una vez que un líder tiene una visión necesita formar un equipo para llevarla a cabo. ¿Dónde encuentra ganadores? No es fácil. En efecto, la mayoría de los ganadores se hacen, no se encuentran. Generalmente, los equipos de las ligas mayores de béisbol reclutan sus jugadores de dos maneras: O los sacan de sus propias divisiones en las ligas menores o salen a buscar jugadores libres. Demasiadas veces, los fanáticos del béisbol han visto a sus equipos hacer grandes inversiones en jugadores libres con la esperanza de ganar una Serie Mundial. Demasiadas veces han quedado desilusionados.

El método de las «ligas menores» consiste en contratar jugadores con las mejores perspectivas de desarrollo y permitirles empezar en la organización en el nivel en que están. Una vez allí se les entrena y desarrolla. Los directores técnicos y entrenadores descubren sus puntos fuertes y débiles y encuentran la adecuada posición para ellos. Los jugadores ganan experiencia y tienen la oportunidad de elevar su nivel de juego. Si su actuación es buena, se pueden ganar la promoción al equipo de ligas mayores.

La gran mayoría de los líderes de nuestra organización se reclutan y promueven dentro. No siempre ha sido fácil, pero existen enormes ventajas al utilizar el método de las ligas menores. La primera es que ya se conocen las características y actitudes individuales. Usted se está arriesgando cuando entrevista a alguien de afuera. Para tomar la decisión de emplearlo tiene que basarse en lo que le dicen tanto el empleado potencial como sus recomendaciones. Las descripciones de empleos en un resumé muestran capacidades, no caracteres. Muchos empleadores están de acuerdo en que el carácter y la actitud son los elementos más importantes al contratar un nuevo empleado. Las habilidades se pueden enseñar.

La segunda ventaja es que a alguien que se promueve dentro de la organización ya conoce tanto a esta como a su gente. Un empleado de éxito que se candidatiza para un ascenso es quien ya ha agarrado la visión del líder. Ha hecho suya la filosofía de la organización. Ha pasado tiempo mejorando sus relaciones con los demás. Alguien traído de afuera tiene que aprender todo eso. Una vez contratado puede que no tenga la voluntad ni la capacidad de asimilar. Cuando usted promueve personas de su organización, estas se acomodan rápidamente.

La tercera ventaja es que alguien que asciende de las divisiones inferiores ha demostrado su desempeño. Ha probado sus dones e influencia. Usted sabe que él puede actuar con eficacia en su terreno. En consecuencia, el riesgo es relativamente pequeño. A la persona de afuera usted no ha tenido la oportunidad de observarla. Es posible que no pueda actuar con mucha efectividad en su terreno porque las condiciones son diferentes. Desarrollar el talento en sus divisiones inferiores requiere acción estratégica y actitud particular de parte del líder del equipo. Este debe:

- Invertir tiempo y dinero en sus líderes potenciales.
- Comprometerse a promover su misma gente.
- Mostrar a sus subalternos que el crecimiento personal y profesional dentro de la organización no sólo es posible, sino real.

TOME DECISIONES DIFÍCILES

Marion Folson, entonces uno de los principales ejecutivos de la compañía Eastman Kodak, dio una vez este consejo a Willard C. Butch, miembro de la junta de directores de la corporación Chase Manhattan: «Bill, vas a descubrir que 95% de todas las decisiones que tendrás que tomar en tu carrera las pudo haber tomado también un bachiller medianamente inteligente. Sin embargo, te pagarán por el 5% restante».

Algunas de las más difíciles decisiones que enfrenta un líder dan como resultado un pobre rendimiento. Los grandes líderes toman alternativas inteligentes. Un líder que no maneja bien las decisiones, dañará:

- la capacidad de la organización de cumplir sus objetivos
- la moral de los directivos
- su propia credibilidad
- la autoimagen y la eficacia potencial de quienes no rinden

Con el fin de descubrir la acción a seguir en lo relacionado a un pobre desempeño, un líder debe preguntarse: «¿Se debería entrenar, transferir o despedir a este individuo?» La respuesta determinará el adecuado camino de acción.

Si el bajo rendimiento se debe a capacidades mediocres o no desarrolladas, el entrenamiento se hace necesario. Asimismo, con frecuencia el entrenamiento puede ofrecer beneficios a un empleado con necesidad de enseñársele la filosofía o visión de la organización. El entrenamiento es a menudo la más positiva de las soluciones debido a que la inversión se hace en el empleado. Es también más barato mejorar un empleado corriente que empezar desde cero con una nueva persona.

Algunas veces un empleado tiene bajo rendimiento porque se espera que desarrolle una tarea que no corresponde a sus dones y habilidades. Si tiene una buena actitud y deseos de triunfar, se le puede transferir a un cargo de acuerdo con sus dones. Allí podría desarrollarse.

Despedir un empleado es una de las más difíciles decisiones que enfrenta un líder. Es al mismo tiempo una de las más importantes que puede hacer. En efecto, despedir personas de mal desempeño en una organización es tan importante como conseguir personas de buen rendimiento. Despedir a los de bajo rendimiento beneficia a la organización y a todos en ella. También le da al empleado la oportunidad de reevaluar su potencial y buscar el lugar y la posición en la que pueda convertirse en un ganador.

PAGUE EL PRECIO QUE CONLLEVAN LOS LÍDERES

Con el éxito siempre viene un precio. Aprendí esta lección hace mucho tiempo. Mi padre me enseñó que alguien puede pagar ahora y jugar después, o puede jugar ahora y pagar después.

Crear un clima para líderes potenciales exige también de un líder que pague un precio. Este principia con su crecimiento personal. El líder debe examinarse, hacerse preguntas difíciles y luego decidirse a hacer lo que crea correcto, cualquiera que sea la atmósfera o

> Una persona puede pagar ahora y jugar después, o puede jugar ahora y pagar después.

estado de ánimo. No son muchos los ambientes ideales o placenteros para las disciplinas de crecimiento. La mayoría de los logros importantes en el mundo los alcanzaron personas que estaban demasiado ocupadas o enfermas para hacerlo. Las compañías basadas en la emoción permiten el clima que determina la acción. Las empresas basadas en el carácter permiten la acción para determinar la atmósfera.

Los líderes prósperos reconocen que el crecimiento personal y el desarrollo de las habilidades de liderazgo son objetivos para toda la vida. Warren Bennis y Burt Nanus, en *The Strategies for Taking Charge* [Las estrategias para tomar las riendas], hicieron un estudio de noventa directivos líderes en todos los campos. Descubrieron que «es la capacidad para desarrollar y mejorar sus habilidades lo que distingue a los líderes de los seguidores». Llegaron a la conclusión de que «los líderes son estudiantes perpetuos».

El compromiso de brindar un clima en que los líderes potenciales puedan crecer debe empezar con el compromiso de crecimiento personal de parte del líder.

RESPONDA LAS PREGUNTAS SIGUIENTES PARA QUE DETERMINE SU NIVEL COMÚN DE COMPROMISO

1. ¿Tengo un plan de crecimiento personal?   Sí No

2. ¿Soy el líder de ese plan?   Sí No

3. ¿Es mi deseo cambiar para mantenerme en crecimiento, aunque esto signifique renunciar a mi cargo actual si no experimento crecimiento alguno?   Sí No

4. ¿Es mi vida ejemplo para que otros sigan?   Sí No

5. ¿Estoy dispuesto a pagar el precio de ser un gran líder?   Sí No

Un No en cualquiera de estas preguntas debería llevar al líder a examinar tanto su plan como su compromiso de crecimiento personal. Una falta de compromiso de parte de un líder dificulta el desarrollo de los líderes potenciales a su alrededor. Si usted como líder no ha hecho este compromiso, su futuro será limitado y nunca se convertirá en un gran líder. Hoy es el momento de cambiar.

El ambiente en el que trabaja influye en usted y en quienes dirige. Responda las siguientes preguntas para ayudarlo a determinar la dedicación para el desarrollo de líderes de su organización y el establecimiento de un clima que suscite el crecimiento personal y colectivo.

PREGUNTAS RELACIONADAS CON EL CRECIMIENTO COLECTIVO

1. ¿Tiene la organización un compromiso específico para el crecimiento y desarrollo de su gente?
    Rara vez   Algunas veces   Generalmente

2. ¿Está dispuesta la organización a invertir dinero en desarrollar el crecimiento de los empleados?
   Rara vez   Algunas veces   Generalmente

3. ¿Está dispuesta la organización a efectuar cambios para mantener su crecimiento y el de su gente?
   Rara vez   Algunas veces   Generalmente

4. ¿Apoya la organización a los líderes dispuestos a tomar las decisiones necesarias tanto para el crecimiento personal de sus empleados como para el de la empresa?
   Rara vez   Algunas veces   Generalmente

5. ¿Es la producción más importante para la organización que la posición o los títulos?
   Rara vez   Algunas veces   Generalmente

6. ¿Brinda la organización oportunidades de crecimiento a su personal?
   Rara vez   Algunas veces   Generalmente

7. ¿Tienen los líderes visión organizacional y la dan a conocer a su gente?
   Rara vez   Algunas veces   Generalmente

8. ¿Piensa en grande la organización?
   Rara vez   Algunas veces   Generalmente

9. ¿Promueve la organización a sus empleados?
   Rara vez   Algunas veces   Generalmente

10. ¿Existen otros líderes en la organización dispuestos a pagar el precio en sacrificio personal para asegurar tanto su crecimiento como el de los demás?
    Rara vez   Algunas veces   Generalmente

Si la mayoría de las respuestas a estas preguntas es Rara vez o Algunas veces, es necesario un cambio. Si usted controla la organización, empiece el cambio ya. Si dirige un departamento en la organización, está en capacidad de hacer cambios positivos. Haga todo lo que su organización le permita para crearle a los líderes potenciales un clima positivo. Si sólo se encuentra en situación de cambiar personalmente, trate de encontrar en la organización a alguien que lo haga desarrollar, o cambie de trabajo. Los grandes líderes se dan a sí mismos y comparten lo que han aprendido con los que serán los líderes del futuro. Una persona puede impresionar a distancia a los líderes potenciales, pe- ro sólo desde muy cerca puede influir en ellos.

> **Los grandes líderes se dan a sí mismos y comparten lo que han aprendido.**

He aquí unos pensamientos finales sobre la creación de un clima para líderes potenciales: Algunos archivos de deportes brindan evidencias tangibles de los cambios positivos que pueden ocurrir cuando se establece el ambiente adecuado. El atleta olímpico Pat O'Brien ganó una medalla de oro al lanzar la bola de dieciséis libras a una distancia de cincuenta y siete pies, para establecer nueva marca mundial. Los expertos de entonces dijeron que si practicaba, O'Brien, el mejor del mundo, podría batir su propia marca unas pocas pulgadas. Estaban seguros de que nadie sería capaz de romper la barrera de los sesenta pies.

Pat O'Brien estaba decidido a continuar mejorando y empezó a experimentar con diferentes estilos. Cuatro años después ganó de nuevo en los olímpicos, no por pocas pulgadas, sino por unos cuantos *pies*. Quebró la irrompible barrera al lanzar la bola a sesenta pies once pulgadas. De ese tiempo a esta parte todo lanzador de valía ha pasado esa distancia. Hoy día la marca está por sobre los setenta pies.

Lo mismo se aplica a la milla en cuatro minutos. Los expertos decían que nadie podría correr la milla en menos de cuatro minutos. Entonces, en 1954, un joven estudiante de medicina llamado Roger Bannister hizo lo imposible al romper esa barrera. Hoy día cada corredor de talla mundial puede correr la milla en menos de cuatro minutos. ¿Por qué? Debido a que un hombre decidió mantenerse mejorando. Un hombre decidió pagar el precio del crecimiento personal. Ansiaba liderar. En consecuencia creó un clima para los vencedores que lo siguieron. ¿Es usted la clase de líder dispuesto a pagar el precio y crear el clima en el que su gente pueda seguirle y levantarse como líderes del futuro?

La responsabilidad primordial del líder:

RECONOCER A LOS LÍDERES POTENCIALES

Existe algo más importante y escaso que la habilidad: la capacidad de reconocer la habilidad. Una de las responsabilidades primordiales de un próspero líder es reconocer a los líderes potenciales. No siempre es una tarea sencilla, pero es indispensable.

Dale Carnegie era un maestro en identificar líderes en potencia. En una ocasión un reportero le preguntó cómo había hecho para contratar cuarenta y tres millonarios; Carnegie respondió que no eran millonarios cuando empezaron a trabajar con él. Se habían vuelto millonarios como consecuencia. Entonces el reportero quiso saber cómo había desarrollado a esos hombres hasta el punto de convertirse en líderes millonarios.

> Para desarrollar personas prósperas y positivas, busque el oro, no la tierra.

—Los hombres se desarrollan de la misma manera que el oro en la mina —replicó Carnegie—. Se deben remover varias toneladas de tierra para obtener una onza de oro. Mas usted no va a la mina en busca de la tierra. Va en busca del oro.

Ese es exactamente el modo de desarrollar personas triunfantes y positivas: Busque el oro, no la tierra; busque el bien, no el mal. Mientras más cualidades positivas busque, más de ellas va a encontrar.

LA SELECCIÓN DE
LOS JUGADORES ADECUADOS

Las organizaciones deportivas profesionales reconocen la importancia de seleccionar los jugadores adecuados. Cada año, entrenadores y dueños de equipos profesionales de béisbol, básketbol y fútbol esperan la temporada de reclutamiento de jugadores. En la preparación, las franquicias deportivas invierten mucho tiempo y energía examinando nuevos candidatos. Por ejemplo, los examinadores de organizaciones profesionales de fútbol viajan a los partidos en la temporada regular de fútbol colegial, los juegos de copa, los partidos de veteranos y los campamentos, para obtener conocimientos acerca de los jugadores en que se interesan. Todo esto capacita a los examinadores a tener gran información para los propietarios y los entrenadores principales, de tal manera que cuando llega el día del reclutamiento los equipos pueden llevarse a los jugadores más prometedores. Los dueños y los entrenadores saben que el éxito futuro de sus equipos depende enormemente de su habilidad para reclutar con eficiencia.

En los negocios no es diferente. Usted debe seleccionar los jugadores adecuados para su organización. Si los selecciona bien, los beneficios se multiplican y parecen infinitos. Si los selecciona mal, los problemas se multiplican y parecen interminables.

Con demasiada frecuencia los líderes contratan empleados de manera arriesgada. Debido a la desesperación, falta de tiempo o sólo por no tener un plan establecido, reclutan a cualquier candidato que se atraviese. Entonces se quedan con el alma en vilo y esperan que todo vaya bien. Sin embargo, se debe contratar estratégicamente. Las opciones que usted tiene son ilimitadas. Pero sus opciones son pocas una vez que haya tomado una decisión. Contratar un empleado es como tirarse en paracaídas: una vez que se ha lanzado del avión, usted está comprometido.

La clave para tomar la mejor decisión depende de: 1) su habilidad de visualizar la gran imagen mental, y 2) su capacidad de juzgar a los empleados potenciales durante el proceso de selección.

Es una buena idea principiar con un inventario. Yo lo uso ya que siempre quiero mirar tanto en el interior como en el exterior de la organización para encontrar candidatos. Llamo a esta lista las cinco prioridades:

Evaluación de necesidades:	¿Cuál es la necesidad?
Activos:	¿Qué personas de la organización están disponibles en este momento?
Capacidad de los candidatos:	¿Quién está capacitado?
Actitud de los candidatos:	¿Quién está dispuesto?
Logros de los candidatos:	¿Quién termina lo que empieza?

Reconozca que el inventario empieza con una evaluación de las necesidades. El líder de la organización debe basar tal evaluación en su gran imagen mental. Cuando Charlie Grimm era entrenador de los Cachorros de Chicago recibió un informe telefónico de parte de uno de sus buscadores de jugadores. El hombre estaba emocionado y empezó a gritar en el teléfono:

—Charlie, ¡he encontrado al más grande lanzador del planeta! Ponchó a todos los hombres que batearon. Veintisiete seguidos. Inclusive nadie le hizo un jonrón hasta la novena entrada. El lanzador está aquí conmigo. ¿Qué debo hacer?

—Contrata al hombre que le hizo el jonrón —respondió Charlie—. Estamos buscando bateadores. Charlie sabía lo que el equipo necesitaba.

Hay una situación que sustituye al análisis de necesidades: cuando alguien verdaderamente excepcional está disponible pero no encaja con la necesidad del momento, haga todo lo que esté a su alcance para contratarlo. Con el tiempo esa persona influirá positivamente en la organización. Usted puede ver esta clase de decisiones en los deportes. Los entrenadores de fútbol por lo general buscan jugadores para suplir necesidades específicas. Si tienen una defensa débil, buscan al mejor defensor disponible. Sin embargo, algunas veces se les presenta la oportunidad de conseguir un «jugador de impacto», una superestrella capaz de darle un cariz completamente diferente al equipo. Por cierto, esta clase de estrellas casi siempre poseen capacidades atléticas unidas a las habilidades de liderazgo. Incluso como principiantes tienen ya todas las cualidades para ser capitanes de equipo. Cuando tengo la oportunidad de contratar a alguien excepcional, una superestrella, lo hago. Luego encuentro un cargo para él. Es difícil encontrar esta clase de personas, y siempre hay lugar en la organización para un individuo productivo.

> Contratar un empleado es como tirarse en paracaídas: una vez que se ha lanzado del avión, usted está comprometido.

Casi nunca estamos evaluando a las superestrellas, y las decisiones son difíciles de tomar. ¿Cómo evalúan los equipos profesionales a los jugadores potenciales? Muchos de ellos utilizan un cuadro en que se anota una calificación para cada jugador basada en sus habilidades. De la misma manera debemos tener una herramienta que nos ayude a evaluar el potencial de las personas como líderes. He aquí una lista de veinticinco características para ayudarle a identificar y clasificar a un líder potencial:

EVALUACIÓN DE CUALIDADES DE LIDERAZGO (PARA LÍDERES POTENCIALES)

Escala
0 = Nunca 1 = Rara vez 2 = Algunas veces 3 = Generalmente 4 = Siempre

1. Influencia   0   1   2   3   4

2. Autodisciplina   0   1   2   3   4

3. Buena trayectoria   0   1   2   3   4

4. Habilidad en el trato
    con los demás   0   1   2   3   4

5. Habilidad para
    resolver problemas   0   1   2   3   4

6. Aceptación del estado
    actual de las cosas   0   1   2   3   4

7. Visualización de la gran
    imagen mental   0   1   2   3   4

8. Habilidad de sobreponerse
    a las presiones   0   1   2   3   4

9. Espíritu positivo   0   1   2   3   4

10. Entendimiento de los demás   0   1   2   3   4

11. Liberación de
    problemas personales   0   1   2   3   4

12.	Disposición de tomar responsabilidades	0	1	2	3	4
13.	Liberación del enojo	0	1	2	3	4
14.	Disposición de cambio	0	1	2	3	4
15.	Integridad	0	1	2	3	4
16.	Crecimiento íntimo con Dios	0	1	2	3	4
17.	Habilidad de ver lo que va a suceder	0	1	2	3	4
18.	Aceptación como líder por los demás	0	1	2	3	4
19.	Habilidad y deseo constante de aprender	0	1	2	3	4
20.	Atracción de los demás	0	1	2	3	4
21.	Buena autoimagen	0	1	2	3	4
22.	Buena disposición de servir	0	1	2	3	4
23.	Capacidad de recuperación ante los problemas	0	1	2	3	4
24.	Habilidad de desarrollar otros líderes	0	1	2	3	4
25.	Iniciativa	0	1	2	3	4

Total de puntos _____

Al evaluar un líder potencial ponga más atención a la calidad del individuo mostrada por sus características que a la calificación específica. Puesto que los líderes son diferentes, las calificaciones pueden variar. He aquí mi calificación:

90-100	Gran líder (debe estar guiando a otros buenos y grandes líderes)
80-89	Líder bueno (debe mantener su crecimiento y guiar a otros)
70-79	Líder emergente (enfocarse en su crecimiento y empezar a guiar a otros)
60-69	Repleto de potencial (excelente persona para desarrollar)
Menos de 60	Debe crecer (quizás no está listo para ser dirigido como líder)

La categoría «menos de 60» es la más difícil de juzgar. Algunos en esta categoría nunca llegarán a ser líderes. Otros pueden convertirse en grandes líderes. Mientras mejor líder sea el evaluador, mejor será su juicio del potencial de liderazgo en alguien. Por lo tanto es importante que un líder de éxito haga la entrevista y contrate a los líderes potenciales.

En la revista *Inc.* el experto en mercadotecnia I. Martin Jacknis identifica una tendencia que ha visto al contratar. La califica como la *ley de competencia decreciente*, y entran en ella los líderes que contratan personas cuya habilidad y competencia sean menores que la suya. En consecuencia, cuando las organizaciones crecen y contratan más personal, el número de personas de baja competencia sobrepasa a los grandes líderes competentes.

Veamos cómo funciona en la realidad. Digamos por ejemplo que usted es líder extraordinario con una gran visión, autodisciplina, prioridades exactas y gran habilidad para resolver problemas. Su calificación es de 95% en la evaluación de cualidades de liderazgo. Por lo tanto decide iniciar su propia empresa llamada *De líder a líder, ltda.* Su negocio prospera tanto que al poco tiempo necesita cuatro nuevos empleados. A usted le gustaría contratar cuatro 95s, sin embargo, las probabilidades son que estos quieran trabajar por su cuenta (como usted) y no se encuentren disponibles. Usted necesita ayuda, por lo que contrata cuatro 85s, no tan habilidosos como usted, pero cada uno un líder adecuado.

Debo mencionar que en esta etapa crucial del desarrollo de la empresa usted ha estado tentado a contratar menos que 85s para su personal. Tal vez esté pensando: «Los cuatro que contraté tienen que seguir mi dirección y la compañía irá bien. Puedo conformarme con un par de seguidores que sean 65s». Este es un error de importancia que los líderes cometen. Al seleccionar seguidores en vez de líderes potenciales, el líder de una organización limita su potencial de crecimiento. Pero por el momento, digamos que usted no cometió ese error y contrató cuatro líderes con calificación de 85.

Usted y su equipo están haciendo lo mejor. El negocio difícilmente puede cubrir la demanda. Entonces usted obtiene una distribución nacional. Su ardua labor ha valido la pena, pero ahora estima que necesita cien empleados de tiempo completo para hacer el trabajo. Ahora tiene que levantar una organización completa.

Usted empieza con sus cuatro fieles empleados. Ellos son buenos líderes, le ayudaron en su cometido y usted ha decidido promoverlos. Van a ser sus cuatro gerentes. Usted decide que la mejor manera de estructurar la nueva organización es tener un gerente encargado de las ventas, y cada uno de los otros tres encargado de un turno de ocho horas para mantener la producción veinticuatro horas al día. Cada gerente supervisa dos asistentes de gerencia y cerca de otros veinte empleados.

Los cuatro gerentes contratan sus asistentes, estos de acuerdo a la ley de competencia decreciente tienen un valor de 75. Los gerentes asignan a los asistentes la tarea de contratar los veinte empleados. Lo adivinó, contratan 65s. En consecuencia, de la noche a la mañana la compañía, cuyo promedio de calificación de personal era de 87 y se veía así:

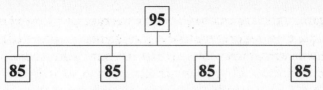

De líder a líder, Ltda. con cinco empleados

tiene ahora un promedio de calificación de liderazgo de 67 y se ve así

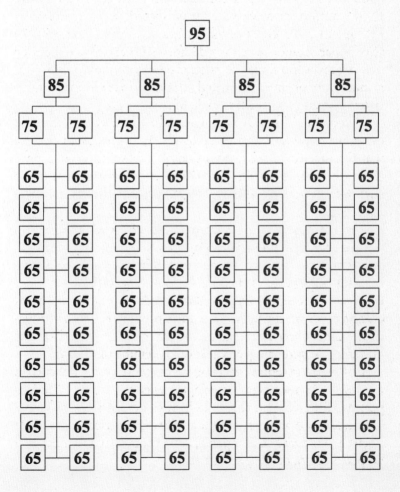

El matiz de *De líder a líder, Ltda.* cambió totalmente. Con el agravante de que si los cuatro líderes originales que contrató no hubieran sido buenos, usted estaría en peores problemas.

Este es un ejemplo ligeramente exagerado. La mayoría de las empresas no pasan de cinco a cien empleados de la noche a la mañana. Sin embargo, las organizaciones de grandes líderes se extienden rápidamente. Lo importante es que en realidad usted vea el impacto que tiene contratar en una organización. En este ejemplo, la que una vez fue una organización compuesta de productores de calidad es ahora una empresa abrumada de productores corrientes. Si el departamento de ventas obtiene otra distribución nacional, ocurriría otra expansión. En esta, los asistentes de gerencia, que son 75s, probablemente ascenderán a nuevos gerentes y la empresa tendría un nuevo bajón, colocando su promedio en los mediocres 50s.

Afortunadamente hay maneras de combatir la tendencia hacia la mediocridad. He aquí cuatro:

Dé la responsabilidad de contratación a un líder altamente desarrollado

Puesto que las personas sin desarrollo contratan a otros menos desarrollados, mejore el origen.

Contrate a los líderes más capacitados que pueda conseguir

No ponga la mira en gente de bajo rendimiento. Recuerde que una gran persona siempre producirá y trabajará por dos mediocres.

Comprométase a ser ejemplo de liderazgo

Haga saber a todo el personal de su organización lo que espera de ellos. Muchos líderes potenciales intentarán alcanzar la norma que pueden ver.

Comprométase a desarrollar a quienes le rodean

Si desarrolla a los líderes potenciales a su alrededor, para la siguiente expansión los dedicados asistentes de gerencia, que estaban en 75 serán 85 y estarán listos para guiar.

Yo diría que David Ogilvy, fundador de la inmensa agencia de publicidad Ogilvy y Madre, entendió la ley de la competencia decreciente, de acuerdo con la información que Dennis Waitley da acerca de él en *The New Dinamics of Winning* [Las nuevas dinámicas del ganador]. Afirma que Ogilvy regaló una muñeca rusa a cada nuevo gerente de su organización. La muñeca contenía cinco muñecas progresivamente más chicas. Un mensaje dentro de la más pequeña decía: «Si cada uno de nosotros contrata personas más pequeñas, nos convertiremos en una empresa de enanos. Pero si cada uno contrata personas más grandes, Ogilvy y Madre se volverá una compañía de gigantes». Que su compromiso sea encontrar, contratar y desarrollar gigantes.

CUALIDADES QUE SE DEBEN BUSCAR EN UN LÍDER

En la cacería de líderes, lo que primero debe saber es las cualidades de la persona. He aquí diez cualidades de liderazgo para buscar en cualquiera que contrata:

CARÁCTER

La falta de carácter no se puede pasar por alto. Por lo general hace ineficaz a un líder.

Lo primero que debe buscar en cualquier clase de líder o líder potencial es fortaleza de carácter. No he encontrado una cualidad más importante que esta. Las faltas graves de carácter no se pueden pasar por alto. Ellas harán ineficaz en todo momento a un líder.

Las fallas de carácter no se deben confundir con la debilidad. Todos tenemos debilidades. Estas se pueden vencer por medio del entrenamiento o de la experiencia. Las faltas de carácter no se pueden cambiar de la noche a la mañana. Los cambios se llevan generalmente mucho tiempo e involucra importantes inversiones en relación y dedicación por parte del líder. Cualquier persona que contrate y que tenga imperfecciones de carácter será el eslabón más débil de su organización. Dependiendo de la naturaleza de la falla, la persona tiene el potencial para destruir la organización.

> **Las faltas graves de carácter no se pueden pasar por alto. Ellas harán ineficaz en todo momento a un líder.**

Algunas de las cualidades que encierra un buen carácter incluyen: honradez, integridad, autodisciplina, docilidad, sumisión, perseverancia, concientización y una gran labor ética. La palabra de una persona de carácter está de acuerdo con los hechos. Su reputación es sólida. Su comportamiento es franco.

La evaluación del carácter puede ser difícil. Las señales de advertencia que se deben vigilar incluyen:

- el fracaso en hacerse responsable de sus acciones o circunstancias
- el incumplimiento de promesas u obligaciones
- la falla en entregar trabajos dentro de los plazos previstos

Usted puede conocer bastante sobre la capacidad de alguien para liderar de la manera como lleva su propia vida.

Finalmente observe su interrelación con los demás. También puede conocer mucho acerca del carácter de alguien por medio de sus relaciones. Examine sus relaciones con superiores, colegas y subordinados. Hable con sus empleados para averiguar cómo los trata el líder potencial. Esto le dará una visión adicional.

INFLUENCIA

El liderazgo es influencia. Todo líder tiene estas dos características: (A) va a alguna parte y (B) es capaz de persuadir a otros de acompañarlo. Pero la sola influencia no es suficiente. Esa influencia se debe medir para determinar su *calidad*. Cuando observe la influencia de un empleado potencial, examine lo siguiente:

¿Cuál es el nivel de influencia del líder?

¿Tiene seguidores ese individuo debido a su cargo (utiliza el poder del título), permiso (ha desarrollado relaciones que motivan), producción (tanto él como sus seguidores obtienen resultados constantemente), desarrollo personal (ha desarrollado a quienes están a su alrededor), o personalidad (trasciende la organización y desarrolla a las personas en una escala de talla mundial)?[1]

¿Quién influye en el líder?

¿A quién sigue? Los hombres llegan a ser como sus modelos. ¿Tiene ética su modelo? ¿Tiene establecidas las prioridades? ¿En quién influye?

¿A quién influye?

Asimismo, la calidad del discípulo indica la calidad del líder. ¿Son sus discípulos productores positivos o un manojo de hombres mediocres que a todo dicen sí?

En *Discipleship for Ordinary People* [Discipulado para personas comunes], Stuart Briscoe narra la historia de un joven clérigo que oficiaba el funeral de un veterano de guerra. Los amigos del veterano militar querían participar en el culto en honor de su compañero, así que le pidieron al joven pastor que

---

1. J.C. Maxwell, *El desarrollo del líder que hay en usted*, Editorial Caribe, Nashville, TN, 1996.

los guiara hacia el féretro para tener un momento de recordación y luego los llevara al exterior a través de una puerta lateral. La ocasión falló en tener el efecto deseado cuando el clérigo los dirigió por la puerta que no era. A la vista de otros condolientes, los hombres marcharon con precisión militar dentro de un clóset de aseo y tuvieron que enfrentarse a una vergonzosa y confusa retirada. Todo líder debe saber a dónde va. Todo discípulo debe estar seguro de ir detrás del líder que sabe lo que hace.

ACTITUD POSITIVA

La actitud positiva es una de las más valiosas ventajas que puede haber en la vida de una persona. Creo en esto tan ciegamente que escribí un libro basado completamente en el tema: *La actitud ganadora: su clave para el éxito personal*. Lo que con frecuencia las personas llaman su problema no es en realidad su problema. Su verdadero problema es la actitud que los lleva a manejar pobremente los obstáculos de la vida.

Se puede llamar una persona sin límites, al individuo cuya actitud lo lleva a enfocar la vida desde una perspectiva completamente positiva. En otras palabras, es quien no acepta las limitaciones normales de la vida como lo hace la mayoría de la gente. Este sujeto está decidido a caminar por el filo de su potencial, o su potencial de producción, antes de aceptar la derrota. Las personas con actitudes positivas pueden ir a los lugares a donde otros no pueden. Hacen lo que otros no pueden hacer. No están restringidos por las autolimitaciones.

Un individuo con actitud positiva es como el abejorro. Este no debería poder volar puesto que su tamaño, peso y contorno del cuerpo, en relación con su envergadura, le hace aerodinámicamente imposible volar. Sin embargo, al no tener idea de la teoría científica, el abejorro vuela de todas maneras y produce miel diariamente.

Esta manera de pensar sin limitaciones le permite a una persona empezar cada día con una disposición positiva como la que tenía un ascensorista del cual una vez leí. Una mañana de lunes, en un ascensor completamente lleno, el hombre comenzó a canturrear. Un pasajero, irritado por el estado de ánimo del hombre, le dijo ásperamente:

—¿Por qué está usted tan feliz?

—Amigo —replicó feliz el ascensorista—, porque nunca antes había vivido este día.

No sólo que el futuro luce brillante cuando se tiene la actitud adecuada, sino que también el presente es más placentero. El individuo positivo entiende que el viaje es tan agradable como el destino.

Piense así de la actitud:

Es la criatura de avanzada de nuestro verdadero yo.
Sus raíces son internas mas sus frutos externos.
Es nuestro mejor amigo o nuestro peor enemigo.
Es más honrado y constante que nuestras palabras.
Es una mirada al exterior basada en experiencias pasadas.
Es lo que atrae o repele a las personas.
No está contenta hasta que no se la expresa.
Es el bibliotecario de nuestro pasado.
Es el vocero de nuestro presente.
Es el profeta de nuestro futuro.[2]

La actitud es la que da el tono, no sólo para el líder que la tiene, sino para quienes le siguen.

EXCELENTES RELACIONES HUMANAS

Un líder que no tiene relaciones humanas rápidamente se encuentra sin seguidores. El extraordinario líder Andrew Carnegie recibió de Charles Schwab un sueldo de un millón de dólares al año debido sólo a sus excelentes relaciones humanas.

---

2. J.C. Maxwell, *La actitud ganadora: su clave para el éxito personal*, Editorial Caribe, Nashville, TN, 1996.

Carnegie tenía otros líderes que entendían más de su trabajo, y cuya experiencia y entrenamiento eran mejores que las de él. Pero les faltaba la cualidad humana esencial de lograr que los demás les colaboraran, y de esta manera Schwab obtuvo lo mejor de sus trabajadores. Las personas pueden admirar a un individuo que sus únicos activos son el talento y la habilidad, pero no lo seguirán por mucho tiempo.

En unas excelentes relaciones humanas se pueden colocar un interés sincero por los demás, la habilidad de entenderlos y la decisión de hacer la interrelación positiva un asunto primordial. Nuestra conducta hacia los demás determina su conducta hacia nosotros. Un próspero líder lo sabe.

DONES EVIDENTES

Cada criatura hecha por Dios tiene dones. Una de nuestras tareas como líderes es evaluar esos dones cuando tiene un candidato para un empleo. Pienso de cada prospecto de líder como un «quiero ser». He observado que hay cuatro clases de «quiero ser»:

No ser

A algunos individuos sencillamente les falta la capacidad de ejecutar un determinado trabajo. Como lo mencioné antes, todas las personas tienen dones. Sin embargo, no todas están dotadas para manejar una tarea particular. Un *no ser* al que se envía a una área para la que no está dotado se frustra, a menudo culpa a los demás por su falta de éxito y generalmente se acaba. Si se le redirige tiene una oportunidad de alcanzar su potencial.

Podría ser

Un *podría ser* es alguien con los dones y habilidades adecuados pero que le falta autodisciplina. Hasta podría tener habilidades de superestrella, pero no se le puede obligar a rendir. Este individuo tiene que desarrollar la autodisciplina para ser un «lo hago».

56

Debería ser

Un *debería ser* es alguien con talentos (dones) vírgenes, pero con pocas capacidades para controlarlos. Necesita entrenamiento. Una vez que se le haya ayudado a desarrollar esas habilidades será la persona para la que fue creada.

Tiene que ser

Lo único que le falta a un *tiene que ser* es oportunidad. Tiene los dones, habilidades y actitudes adecuados. Tiene el manejo necesario para ser quien debe ser. Es usted, como líder, el que debe darle la oportunidad. Si no lo hace, él encontrará a otro que lo haga.

Dios crea a todos con talentos naturales. Pero también los hace con dos extremos, uno para sentarse en él y otro para pensar. El éxito en la vida depende de cuál de ellos utilice más, y es un cara o sello: ¡Si es cabeza, gana; si es cola, pierde!

ANTECEDENTES RECONOCIDOS

El poeta Archibald MacLeish dijo en una ocasión: «Sólo hay algo más doloroso que aprender de la experiencia, y es no aprender de la experiencia». Los líderes que conocen esta verdad desarrollan buenos antecedentes. Todo el que se aventura en nuevas tierras, quien lucha por hacer algo, comete errores. Las personas que no tienen un historial, nunca han aprendido de sus errores ni lo han intentado.

Tengo muchas personas talentosas que trabajan para mí y que han establecido impresionantes antecedentes. Dos de ellos particularmente son líderes de primer orden merecedores de la más alta calidad de liderazgo (calificaron en la categoría máxima en la evaluación de cualidades de liderazgo). Dick Peterson, quien trabajó durante años para IBM, demostró rápidamente que la experiencia no se había desperdiciado en él. Dick ya tenía un historial probado cuando le pedí que me colaborara en el inicio del instituto de liderazgo INJOY. En un principio teníamos gran potencial pero estábamos escasos en recursos. La ardua labor, planificación y visión de Dick convirtieron un negocio de muy poco capital que funcionaba en su garaje, en una empresa que cada año produce materiales e influye en miles de líderes a nivel nacional e internacional. Disfruto el privilegio de tener a Dick como presidente de INJOY.

Dan Reiland, el pastor principal de la Iglesia Skyline Wesleyan, tiene una historia un poco diferente. Dan es completamente producto de las divisiones inferiores. Se inició en Skyline como miembro de la iglesia. Después de asistir al seminario regresó a la iglesia como maestro.

> **Un líder experimentado tiene siempre un historial reconocido.**

Él nunca fue el mejor profesor que yo hubiera tenido. En efecto, en determinado momento pensé que no sería capaz de triunfar. Pero mediante su tesón y la guía de mi parte pronto se convirtió en el mejor pastor del personal y desarrolló un historial sorprendente. Debido a esos antecedentes le pedí que fuera el pastor principal de la iglesia, y continué entrenándolo. Hoy día, es uno de los más importantes pastores del país, y lleva consigo una importante carga. Algo que disfruto verdaderamente es ver su habilidad para desarrollar otros líderes.

El experto en administración Robert Townsend declara: «Los líderes vienen en todos los tamaños, edades, formas y condiciones. Algunos son pobres administradores, otros no brillan demasiado. Pero hay una clave para reconocerlos. Puesto que la mayoría de las personas en sí mismas son mediocres, el verdadero líder se puede identificar porque de una manera u otra su gente constantemente desarrolla actividades superiores». Revise siempre las actividades pasadas de un candidato. Un líder probado tiene siempre un historial reconocido.

SEGURIDAD EN SÍ MISMO

Las personas no siguen a un líder que no tiene seguridad en sí mismo. Es más, son atraídas de manera natural por quienes transmiten seguridad. Un ejemplo excelente es una anécdota en Rusia durante un atentado de golpe. Los tanques del ejército habían rodeado el palacio de gobierno y al presidente Boris Yeltsin y sus partidarios en favor de la democracia. Los líderes militares de alto rango habían ordenado al comandante de tanques abrir fuego y matar a Yeltsin. Cuando el ejército se colocaba en posición, Yeltsin salió a zancadas del edificio, trepó a un tanque, miró a los ojos al comandante y le agradeció por colocarse al lado de la democracia. Más tarde el comandante admitió que no había intentado pasarse de bando. Yeltsin le pareció tan seguro y dominante que los soldados conversaron entre sí después de que él hubiera salido y decidieron unírsele.

La seguridad es característica de una actitud positiva. Quienes obtienen los más grandes resultados permanecen seguros de sí mismos a pesar de las circunstancias. Hay una maravillosa historia acerca de la gran seguridad del jugador de béisbol Ty Cobb: Cuando este cumplió setenta años un periodista le preguntó:

—¿Cuál cree que sería su promedio si estuviera jugando hoy día?

Cobb, un bateador .367, respondió:

—Aproximadamente .290, tal vez .300.

—¿Es ese promedio por los viajes, los juegos nocturnos, las gramas artificiales y las renovaciones en las canchas, no es así?

—No —dijo Cobb—, es debido a que tengo setenta años.

Los líderes con firme confianza en sí mismos reconocen y aprecian la seguridad en otros.

Reimpreso con permiso especial del sindicato King Features

La confianza no es sencillamente para mostrar, otorga poder. Un buen líder tiene la habilidad de inculcar en sus subalternos confianza en él. Un gran líder tiene la habilidad de inculcar en sus subalternos confianza en sí mismos.

AUTODISCIPLINA

Sin excepción, los grandes líderes tienen siempre autodisciplina. Desgraciadamente, nuestra sociedad va más en busca de gratificación instantánea que de autodisciplina. Queremos desayuno instantáneo, comida al paso, cines de fácil acceso y dinero instantáneo de los cajeros automáticos. Sin embargo, el éxito no viene de modo instantáneo. Tampoco la habilidad para dirigir. Así como lo dijo el general Dwight D. Eisenhower: «No hay victorias a precio de ganga».

Debido a que vivimos en una sociedad de gratificación instantánea, no podemos dar por sentado que los líderes potenciales que entrevistamos serán autodisciplinados, que estén dispuestos a pagar el precio del gran liderazgo. Cuando llegan a autodisciplinarse, las personas eligen uno de dos caminos: el dolor de la disciplina que llega del sacrificio y del crecimiento o el dolor del arrepentimiento que viene de la manera fácil y de las oportunidades perdidas. Cada persona elige. En *Adventures in Achivement* [Aventuras en logros], E. James Rohn dice que el dolor de la disciplina pesa onzas. El arrepentimiento pesa toneladas.

Un gran líder tiene la habilidad de inculcar en sus subalternos confianza en sí mismos.

Existen dos aspectos de la autodisciplina que debemos buscar en los líderes potenciales. El primero es en las emociones. Los líderes eficaces reconocen que sus reacciones emocionales son responsabilidad propia. Un líder que decide no permitir que las acciones de los demás dictaminen sus reacciones, experimenta una libertad que le da poder. Como lo dijera el filósofo griego Epictetus: «No es libre quien no sea maestro de sí mismo».

El segundo aspecto se relaciona con el tiempo. A cada persona del planeta se le adjudica la misma cantidad de minutos en un día. No obstante, el nivel de autodisciplina de cada uno dictamina cuán eficazmente se usan esos minutos. Las personas disciplinadas siempre están creciendo, luchando por mejorar y maximizan el uso de su tiempo. He descubierto tres características en los líderes disciplinados:

- Tienen especificadas sus metas a corto y largo plazo.
- Tienen un plan para cumplir esas metas.
- Tienen un anhelo que los incita a continuar trabajando para conseguir sus objetivos.

El progreso tiene un precio. Cuando entreviste a un líder potencial, determine si está dispuesto a pagar el precio. El autor de la popular tira cómica *Ziggy* reconoció esto cuando imaginó la siguiente escena:

Mientras nuestro amigo Ziggy conducía su pequeño automóvil en una carretera vio dos letreros. El primero declaraba en letras resaltadas: LA CARRETERA HACIA EL ÉXITO. Un poco más adelante vio el segundo letrero. Decía: PREPÁRESE A PAGAR LOS PEAJES.

LA COMUNICACIÓN EFICAZ

Nunca subestime la importancia de la comunicación. Esta se lleva gran cantidad de nuestro tiempo. En un informe de D.K. Burlow en *El proceso de la comunicación*, se establece que el promedio de estadounidenses emplean 70% de sus horas activas del día comunicándose verbalmente. Sin la capacidad de comunicarse, un líder no puede proyectar eficazmente su visión ni incitar a su personal a actuar en ella. El expresidente Gerald Ford dijo en cierta ocasión: «Nada en la vida es más importante que la habilidad de comunicarse con eficacia». Un líder no está en capacidad de alcanzar su potencial sin una comunicación eficaz.

La habilidad de un líder para transmitir confianza es similar a su habilidad para comunicarse eficazmente. Tanto la una como

> **Gustarle a los demás es el inicio de la habilidad de comunicarse.**

la otra requieren acción de su parte y respuesta de parte de los subalternos. La comunicación es *interrelación* positiva. Cuando la comunicación es unilateral puede llegar a ser cómica.

Tal vez ha escuchado la historia del juez frustrado en un caso de divorcio:

—¿Por qué quiere el divorcio? —preguntó el juez— ¿Bajo qué bases?

—Se acabó —respondió la mujer—. Tenemos un acre y medio.

—No, no —dijo el juez—. ¿Tienen alguna rencilla?

—Sí señor, reparamos los dos autos.

—Necesito una razón para el divorcio —dijo impacientemente el juez—, ¿le ha dado él una paliza?

—¡Cielos, no! Yo me levanto diariamente a las seis a hacer mis ejercicios. Él se levanta más tarde.

—Por favor —dijo el exasperado juez—. ¿Cuál es la razón por la que quiere el divorcio?

—Oh —replicó ella—. Parece que no podemos comunicarnos.

Cuando busco habilidades de comunicación eficaz en un líder potencial, me guío por:

Un sincero interés por la persona a la que él le está hablando

Cuando las personas sienten que usted tiene interés en ellos están dispuestos a escuchar lo que dice. Caer bien a los demás es el inicio de la habilidad de comunicarse.

La habilidad para centrarse en el interlocutor

Los malos comunicadores se enfocan en ellos mismos y en sus propias opiniones. Los buenos comunicadores se centran en la respuesta del interlocutor. Los buenos comunicadores leen también el lenguaje corporal. Cuando entrevisto a un empleado potencial que no puede leer en mi lenguaje corporal que estoy listo para cambiar de tema, esto me envía una señal de alerta.

La habilidad para comunicarse con toda clase de personas

Un buen comunicador tiene la capacidad de hacer sentir cómoda a la otra persona. Puede encontrar un medio de relacionarse con cualquiera de cualquier educación.

El contacto visual con la persona a quien habla

La mayoría de las personas que son francas con usted están dispuestas a mirarlo directamente a los ojos. La integridad y la convicción personal hacen confiable la comunicación.

Una sonrisa cálida

La manera más rápida de abrir la línea de comunicación es sonreír. Una sonrisa supera innumerables barreras de comunicación, atravesando las fronteras de la cultura, raza, edad, clase, género, educación y situación económica.

Si espero que alguien sea un líder, debo también esperar que sea capaz de comunicarse.

EL DESCONTENTO CON LA SITUACIÓN EXISTENTE

Le digo a mi personal que *statu quo* es el latín para «el desastre en que estamos». Los líderes pueden ver lo que es, pero más importante, tienen una visión de lo que podría ser. Nunca están contentos por cómo está la situación. Por definición, ser líder es permanecer en el frente descubriendo nuevo terreno, conquistando nuevos mundos, retirándose del *statu quo*. Donna Harrison declara: «Los grandes líderes nunca están satisfechos con los niveles comunes de desempeño. Luchan constantemente por niveles más y más elevados de logros». Se mueven más allá de su propia situación y piden lo mismo a quienes están a su alrededor.

La insatisfacción con la situación existente no significa una actitud negativa o ser gruñón. Tiene que ver con el deseo de ser diferente y tomar riesgos. Una persona que elude el riesgo de cambiar

> **Un líder que adora el *statu quo* pronto se convierte en seguidor.**

fracasa en crecer. Un líder que adora el *statu quo* pronto se convierte en un seguidor. Raymond Smith, de la corporación Bell Atlantic dijo en una ocasión: «Tomar el camino seguro, hacer su trabajo y no hacer cambios puede que no lo lleven a ser despedido de su empleo (al menos por ahora), pero seguro que a la larga no le ayuda mucho en su carrera o a su empresa. No somos tontos. Sabemos que los administradores son fáciles de conseguir y baratos de mantener. Los líderes, los que toman riesgos, son muy escasos. Además, los que tienen visión son oro puro».

Los riesgos parecen peligrosos a los individuos que están más cómodos con los viejos problemas que con las nuevas soluciones. Es sorprendentemente pequeña la diferencia entre la energía y tiempo que se lleva el soportar viejos problemas y la energía y tiempo que se lleva el presentar nuevas soluciones. La diferencia es la actitud. Cuando buscamos líderes potenciales, buscamos personas que a su vez busquen soluciones. Deliberadamente los buenos líderes buscan y encuentran líderes potenciales.

> **Busque gente que busca soluciones.**

Los grandes líderes no sólo los encuentran sino que los transforman en otros grandes líderes. Una capacidad de reconocer habilidades y una estrategia para encontrar líderes es lo que hace que suceda. ¿Cuál es su plan para localizar y reconocer líderes potenciales?

La tarea crucial del líder:

CUIDAR DE LOS LÍDERES POTENCIALES

Hoy día muchas organizaciones fallan en aprovechar todo su potencial. ¿Por qué? Porque la única recompensa que dan a sus empleados es el salario. La relación entre el empleador y el empleado nunca se desarrolla más allá. Las organizaciones de éxito usan un enfoque diferente. En compensación por el trabajo que una persona hace, recibe no sólo su salario sino también el cuidado de las personas para quienes trabaja. El cuidado e interés en otros tiene la ventaja de transformar la vida de los individuos.

Cuando haya identificado a los líderes potenciales, usted debe empezar a trabajar en la edificación de ellos como los líderes en que se pueden convertir. Para hacerlo necesita una estrategia. Uso la fórmula CRAC como recordatorio de lo que los demás necesitan cuando empiezan con mi organización. De mí necesitan:

C *reer en ellos*
R elacionarme con ellos
A *nimarlos*
C onfiar en ellos

La técnica CRAC es el principio del próximo paso del desarrollo de los líderes a su alrededor: cuidar a los líderes potenciales.

**Interesarse
en las personas
tiene la ventaja
de transformar
sus vidas.**

El cuidado e interés benefician a todos. ¿Quién no sería más estable y motivado si su líder *creyera* en él, se *relacionara* con él, lo *animara* y *confiara* en él? Las personas son más productivas cuando se cuida de ellas. Aún más importante, el cuidado crea una sólida base emocional y profesional entre los trabajadores que tienen liderazgo potencial. Después, mediante el entrenamiento y desarrollo, se puede edificar un líder.

El proceso de interesarse es más que sólo entusiasmar. Incluye el ejemplo. En efecto, la mayor responsabilidad del líder en este proceso es ser modelo de liderazgo, de gran labor ética, de responsabilidad, de carácter, de receptividad, de constancia, de comunicación y de confianza en los demás. Él es ejemplo aun cuando esté en el camino de enseñar a quienes le rodean. El proceso de ejemplificar viene a ser mejor cuando un líder elige para sí un modelo personal que va a emular, y entonces se convierte en un ejemplo para los miembros de su equipo. En el siglo dieciocho, el escritor Oliver Goldsmith manifestó: «Las personas rara vez mejoran cuando no tienen otro ejemplo a seguir que ellos mismos». Como líderes debemos ser modelos para seguir.

Mark Twain bromeaba en cierta ocasión: «Hacer lo debido es maravilloso. Enseñar a los demás a hacerlo es aún más maravilloso... y mucho más fácil». Tengo un corolario para la idea de Mark Twain: «Hacer lo debido para guiar a otros es maravilloso. Hacer lo debido, y luego guiarlos es aún más maravilloso... y mucho más difícil». De la misma manera que Twain, reconozco que las autodisciplinas de hacer el bien y luego enseñarle a los demás a hacerlo son por naturaleza difíciles al hombre. Todo el mundo puede encontrar excusas para no darse a los que los rodean. Los grandes líderes conocen las dificultades, y aun así cuidan de su gente. Ellos saben que existen personas que responderán positivamente a lo que les brinda, y se concentran en esos resultados positivos.

He aquí mis descubrimientos de lo que un líder debe hacer para cuidar de los líderes potenciales cercanos:

ESCOJA UN MODELO DE LIDERAZGO PARA USTED

La primera responsabilidad como líderes, tanto para usted como para mí, es encontrar buenos modelos para nosotros mismos. Piense detenidamente en qué ejemplos seguir, ya que ellos determinarán su curso. He desarrollado seis preguntas para mí antes de elegir un modelo que vaya a seguir:

¿Merece un discípulo el modelo de mi vida?

Esta pregunta se relaciona con el carácter. Debo tener mucho cuidado si la respuesta no es un categórico Sí. Yo seré igual que aquellos a quienes sigo, y no quiero ejemplos con fallas en el carácter.

¿Tiene un discípulo mi modelo de vida?

Esta pregunta es de credibilidad. Es posible ser la primera persona en descubrir un líder que valga la pena seguir, pero no ocurre con mucha frecuencia. Si el individuo no tiene un discípulo, quizás no valga la pena seguirlo.

Si mi respuesta para las dos primeras preguntas es negativa, no me molesto con las otras cuatro. Tengo que buscar otro modelo.

¿Cuál es la virtud principal que incita a otros a seguir mi modelo?

¿Qué tiene el modelo para ofrecerme? ¿Cuál es su mejor virtud? Observe también que los líderes sólidos tienen debilidades y virtudes. Sin darme cuenta, no quiero emular la debilidad.

¿Produce mi modelo otros líderes?

La respuesta a esta pregunta me indicará si las prioridades de liderazgo calzan con las mías en lo que respecta al desarrollo de nuevos líderes.

¿Se puede reproducir en mi vida la fuerza de mi modelo?

Si no puedo reproducir su fuerza en mi vida, su ejemplo no me beneficiará. Por ejemplo, si usted admira la capacidad de Shaquille O'Neil como eje de su equipo de básketbol, pero mide 1.75 metros y pesa 75 kilos, no va a ser capaz de emular sus fuerzas. Encuentre modelos apropiados, pero luche por mejorar. No juzgue demasiado rápidamente que una virtud no se pueda reproducir. La mayoría se puede. No limite su potencial.

Si puedo reproducir en mi vida la virtud de mi modelo, ¿qué pasos debo seguir para desarrollarla y demostrarla?

Usted debe desarrollar un plan de acción. Si se limita sólo a responder las preguntas y no implementa un plan para desarrollar esas virtudes en usted, lo que está haciendo es un simple ejercicio intelectual.

Los modelos que escogemos pueden estar o no accesibles de manera personal. Algunos son figuras nacionales, tales como un presidente. O pueden ser personajes históricos. Con seguridad lo pueden beneficiar, pero no de la manera en que puede hacerlo un guía personal.

PAUTAS PARA LAS RELACIONES DE DIRECCIÓN

Cuando encuentre a alguien que lo pueda guiar use estas directrices para ayudarlo a desarrollar una positiva relación con esa persona:

Pregunte

Piense en las preguntas que hará antes de encontrarse con su mentor. Haga que sean estratégicas para su propio crecimiento.

Aclare su nivel de expectativas

Por lo general, la meta de la dirección es el mejoramiento, no la perfección. Tal vez sólo unas pocas personas pueden ser verdaderamente excelentes, pero todos podemos llegar a ser mejores.

Acepte como aprendizaje una posición subordinada

No permita que su ego interfiera en su aprendizaje. Tratar de impresionar al mentor con sus conocimientos o habilidades colocará una barrera entre ustedes. Le impedirá recibir lo que le está ofreciendo.

Respete al guía, pero no lo convierta en un ídolo

El respeto nos permite aceptar lo que el guía nos enseña. Pero al colocarlo a nivel de ídolo se pierde la capacidad de ser objetivo y crítico, facultades que necesitamos para adaptar en nosotros el conocimiento y la experiencia del mentor.

Ponga inmediatamente en la práctica lo que aprende

Lo que se aprende en las mejores relaciones de guianza se enfoca con rapidez. Aprenda, practique y asimile.

Sea disciplinado en su relación con el guía

Disponga regularmente de tiempo suficiente, seleccione de antemano el tema que vaya a tratar y realice en casa su tarea para sacar ventaja de las sesiones.

Recompense a su mentor con su propio progreso

Si usted muestra agradecimiento pero no progresa, el guía considerará que ha fracasado. El progreso suyo es su mayor recompensa. Luche por crecer y luego comunique su progreso.

No amenace con irse

Hágale saber a su guía que usted tomó la decisión de progresar y que persistirá, que es un ganador decidido. Así sabrá él que no está perdiendo su tiempo.

No hay un substituto para su crecimiento personal. Si no está recibiendo y creciendo, no será capaz de brindar a los demás su alimento y desarrollo.

HÁGASE CONFIABLE

He aprendido que la confianza es el factor más importante en la edificación de relaciones personales y profesionales. Warren Bennis y Burt Nanus la definen como «el pegamento que une discípulos y líderes». La confianza conlleva responsabilidad, previsibilidad y fiabilidad. Antes que nada, los discípulos quieren creer y confiar en sus líderes. Quieren ser capaces de decir: «Algún día espero ser como él o como ella». Si no confían en usted, no pueden decirlo. Las personas creerán primero en usted antes de seguir su liderazgo.

La confianza se debe ganar día a día, requiere constancia. Algunas de las maneras en que un líder puede traicionar la confianza incluyen: romper promesas, chismear, retener información y ser hipócrita. Estos factores destruyen el ambiente de confianza necesario para el crecimiento de los líderes potenciales. Cuando se pierde la confianza en un líder, este debe trabajar muy duro para recuperarla. La líder cristiana Cheryl Biehl dijo en una

El liderazgo puede funcionar sólo en base a la confianza.

ocasión: «Una de las realidades de la vida es que si usted no puede confiar en alguien en todos sus aspectos, no puede confiar en él o ella en ningún aspecto».

Cada otoño espero ver al pobre Charlie Brown tratar de patear un balón. Siempre termina de cara o de espaldas en el suelo porque Lucy, su asistente, retira bruscamente el balón en el último momento. Después de colocar de nuevo el balón en su sitio, Lucy dice a Charlie que está tratando de enseñarle a no ser tan confiado. Sin embargo, año tras año él se mantiene intentando patear el balón. ¿Por qué? Realmente Charlie quiere confiar en los demás. Lucy no es un líder y nunca lo será. El liderazgo puede funcionar sólo en base a la confianza; Lucy no es digna de confianza.

La gente no sigue a un líder que no inspira confianza. La responsabilidad del líder es desarrollar confianza en quienes lo rodean. La confianza se obtiene de varios elementos:

T *iempo*	Tómese el tiempo para escuchar y dar una respuesta.
R *espeto*	Brinde respeto al líder potencial y él se lo devolverá en confianza.
I *nterés positivo e incondicional*	Muestre aceptación por los demás.
S *ensibilidad*	Anticipe los sentimientos y necesidades del líder potencial.
C *ontacto*	Brinde ánimo con una palmadita en la espalda o un apretón de manos.

Una vez que las personas confían en su líder como individuo, podrán llegar a confiar en su liderazgo.

MUESTRE TRANSPARENCIA

Todos los líderes cometen errores. Es parte de su vida. Los líderes de éxito reconocen sus errores, aprenden de ellos y luchan para corregirlos. Un estudio de 105 ejecutivos determinó muchas de las características comunes en los de más éxito. Se identificó a un rasgo particular como el más valioso: Ellos admitieron sus errores y aceptaron las consecuencias en vez de tratar de culpar a otros.

Vivimos en medio de personas que intentan hacer responsables a los demás de sus acciones o circunstancias, y que no se quieren hacer cargo de las consecuencias. Esta actitud se puede ver en todas partes. Los comerciales de televisión nos invitan diariamente a demandar «aunque usted sea culpable de un accidente» o a «declararse en bancarrota» como medio para anular las deudas. Un líder dispuesto a ser responsable de sus acciones, honrado y transparente con sus subalternos es alguien a quien ellos admirarán, respetarán y en quien confiarán. Es también alguien de quien pueden aprender.

DÉ TIEMPO

Las personas no se pueden cultivar a distancia o por medio de cortas o poco frecuentes llamadas de atención. Necesitan que usted pase tiempo con ellas, tiempo planificado, no sólo unas cuantas palabras en el camino a una reunión. Convierto en una prioridad estar en contacto con los líderes de mi organización. Planifico y desarrollo sesiones de entrenamiento para mi personal, programo tiempo para guía individual y planifico reuniones en las que los miembros del equipo pueden intercambiar información. A menudo invito a almorzar a un líder potencial. Con frecuencia me pongo de acuerdo con mi personal para ver cómo progresa su área de necesidad y para dar la ayuda necesaria.

El tiempo pasado con un líder potencial es una inversión.

Vivimos en un mundo exigente y de ritmo acelerado, y el tiempo es algo difícil de dar. Es la comodidad más valiosa de un líder. Peter Drucker escribió: «Quizá nada distingue más a los ejecutivos eficaces que su dulce cuidado del tiempo». El tiempo es valioso, pero el tiempo pasado con un líder potencial es una inversión. Cuando se da a sí mismo se benefician usted, la organización y quien recibe. Al cultivar líderes se debe mantener una actitud de entrega. Norman Vincent Peale lo clarificó muy bien cuando dijo que el hombre que vive para sí mismo es un fracaso; el que vive para los demás ha alcanzado el éxito verdadero.

CREA EN LOS DEMÁS

Por instinto las personas pueden sentir cuando alguien cree realmente en ellas. Nadie puede ver a los demás como son. Es oficio de un líder ver en lo que se pueden convertir animándolos a crecer en esa dirección y creyendo que lo

Creer en los demás los motiva y libera su potencial.

harán. Los individuos crecen siempre hacia las expectativas del líder, no hacia sus críticas o exámenes. Estos últimos son sencillamente un *indicador* del progreso. Las expectativas *promueven* el progreso. Usted puede contratar personas que le trabajen, pero debe ganar sus corazones al creer en ellos para lograr que trabajen con usted.

BRINDE ÁNIMO

Muchos líderes esperan que sus subalternos se animen a sí mismos. Sin embargo, la mayoría de las personas necesitan ánimo del exterior para que los impulse hacia adelante. Es vital para su crecimiento. El doctor George Adams descubrió que el ánimo es tan vital para la existencia de una persona, que lo llamó «el oxígeno del alma».

Se debe animar a los nuevos líderes. Cuando llegan a una nueva situación encuentran muchos cambios y sufren en sí mismos muchos cambios. Animarlos les ayuda a alcanzar su potencial y les brinda poder al darles la energía para continuar cuando cometen errores.

> **Los individuos crecen siempre hacia las expectativas del líder.**

Emplee mucha reafirmación positiva con su personal. No dé por sentado que el trabajo va a ser aceptable. Agradézcalo. Elogie a alguien cuando vea que mejora. Personalice su ánimo cada vez que pueda. Recuerde: lo que motiva a una persona puede dejar pasmada o hasta irritada a otra. Averigüe lo que funciona con cada uno de sus individuos y úselo.

John Wooden, entrenador del equipo de básketbol Los Ángeles, dijo a sus jugadores que sonrieran cuando anotaran, y que hicieran un guiño o una ligera inclinación al jugador que les hubiera hecho el pase.

—¿Qué pasa si no está mirando? —preguntó un miembro del equipo.

—Te garantizo que mirará —respondió Wooden.

Todo el mundo valora y busca que lo animen, especialmente cuando su líder es un constante animador.

EXHIBA CONSTANCIA

La constancia es un elemento crucial al cultivar líderes potenciales, de la misma manera que lo es cualquier clase de alimento. Cuando somos constantes, nuestra gente aprende a confiar en nosotros. Son capaces de crecer y desarrollarse debido a que saben qué esperar de nosotros. Cuando enfrenten decisiones difíciles pueden responder la pregunta: «¿Qué haría mi líder en esta situación?» Adquieren seguridad porque saben que tendrán nuestro apoyo a pesar de las circunstancias.

Tal vez ha escuchado la historia del agricultor que habiendo tenido varios años malos, fue a ver al gerente de su banco.

—Tengo buenas y malas noticias para usted —le dijo—. ¿Cuál quisiera oír primero?

—¿Por qué no empieza por decirme las malas y salimos de eso de una vez? —replicó el banquero.

—Está bien. Debido a la sequía, a la inflación y a todo lo demás, no le voy a poder pagar mi hipoteca este año, ni capital ni intereses.

—Entiendo, eso está realmente mal.

—Es aún peor. Tampoco le voy a poder pagar el préstamo para la maquinaria que compré, ni capital ni intereses.

—¡Caramba! ¡Eso está muy mal!

—Y todavía es peor. Usted recuerda que pedí dinero prestado para comprar semillas, fertilizante y otros suministros. Bien, no puedo pagarle ni el capital ni los intereses.

—¡Eso es horrible y suficiente! Dígame cuáles son las buenas noticias.

—Las buenas noticias —contestó el agricultor con una sonrisa—, son que pienso continuar haciendo negocios con usted.[1]

Afortunadamente a la mayoría de nuestros líderes potenciales les va mejor que a nuestro amigo agricultor. A diferencia de él, ellos no necesitan ayuda por tanto tiempo antes de ser capaces de cambiar las cosas a su alrededor. Cuando creemos en nuestros líderes potenciales, y constantemente les damos ayuda y ánimo, les estamos añadiendo la fortaleza que necesitan para perseverar y actuar bien para nosotros.

MANTENGA EN ALTO LA ESPERANZA

La esperanza es uno de los más grandes dones que los líderes pueden dar a quienes los rodean. No se debe subestimar su poder. Un líder debe dar esperanzas a su gente cuando ellos no pueden sacarla de sí mismos. Winston Churchill reconoció el valor de la esperanza. Fue primer ministro de Inglaterra durante algunos de los momentos más oscuros de la Segunda Guerra Mundial. Un reportero le preguntó en cierta ocasión cuál había sido la más poderosa arma de su país contra el régimen nazi de

---

1. D.A. Seamands, *Healing Grace* [Gracia sanadora], Victor Books, Wheaton, Illinois, 1988.

Hitler. Sin dudar por un instante contestó: «La que siempre ha sido la más poderosa arma de Inglaterra: la esperanza».

> **La labor de un líder es mantener en alto la esperanza.**

Mientras tengan esperanza las personas continúan trabajando, luchando e intentando de nuevo. La esperanza eleva la moral. Mejora la autoimagen. Reenergiza a los individuos. Levanta sus expectativas. El trabajo de un líder es mantener en alto la esperanza para inculcarla en las personas que dirige. Nuestra gente tendrá esperanza sólo si se la damos. Tendremos esperanza para dar si mantenemos la actitud debida. En *Europe in the Spring* [Europa en primavera], Clare Boothe Luce cita al héroe de la batalla de Verdum, Marshall Foch diciendo: «No hay situaciones sin esperanza, hay sólo hombres desesperanzados que han crecido alrededor de ellas».

Mantener la esperanza viene de observar el potencial en cada situación y permanecer positivos a pesar de las circunstancias. El doctor G. Campbell Morgan relata la historia de un individuo cuyo almacén se quemó durante el gran incendio de Chicago. A la mañana siguiente llegó hasta las ruinas portando una tabla que colocó en medio de los carbonizados escombros. En la tabla escribió este optimista letrero: «Perdí todo menos esposa, hijos y esperanza. El negocio se reabrirá como de costumbre mañana en la mañana».

AÑADA IMPORTANCIA

Nadie quiere gastar su tiempo haciendo un trabajo sin importancia. Las personas quieren hacer trabajos importantes. A menudo los trabajadores dicen: «Quiero sentir que lo he logrado, que he cumplido, que he influido. Deseo la excelencia. Anhelo que lo que hago sea importante. Quiero crear un impacto». Las personas quieren importancia.

Es tarea del líder agregar importancia a la vida de quienes dirige. Una de las maneras de ejecutarla es hacerlos parte de algo que valga la pena. A lo largo de su vida demasiadas personas caen simplemente en un tranquilo nicho y permanecen allí en vez de perseguir metas de importancia. Los líderes no se pueden dar el lujo de hacer eso. Cada uno debe preguntarse: «¿Quiero la sobrevivencia, el éxito o la importancia?» Los mejores líderes desean importancia y emplean su tiempo y energía en la persecución de sus sueños. Cuando era ejecutiva en jefe del *Washington Post*, Katharine Graham dijo: «Amar lo que haces y sentir que es importante, ¿qué podría ser más divertido?»

Moishe Rosen enseña un ejercicio mental de una frase que se ha vuelto una herramienta eficaz para ayudar a una persona a identificar su sueño. Él le pide que llene los espacios en blanco:

*Si yo tuviera*_____,

Haría _____.

La idea es que si usted desea cualquier cosa: suficiente tiempo, suficiente dinero, suficiente información, suficiente personal (todos los recursos que pueda pedir), etc. ¿Qué haría? Su respuesta a esta pregunta es su sueño.

Trabajar en su sueño añade importancia a su vida. La historia nos da un clásico ejemplo. Todo el mundo ha escuchado la anécdota de Isaac Newton al descubrir la ley de la gravedad después de observar la caída de una manzana. Lo que pocos saben es que Edmund Halley, el astrónomo que descubrió el cometa Halley es, casi sin la ayuda de nadie, el responsable de que se conocieran las teorías de Newton. Halley desafió a Newton a pensar por medio de sus originales nociones. Corrigió los errores matemáticos de Newton y preparó figuras geométricas para apoyar su trabajo. No sólo animó a Newton a escribir su gran obra: *Mathematical Principles of Natural Philosophy* [Principios matemáticos de filosofía natural], sino que la editó, supervisó su publicación y financió la impresión, aunque pensaba que Newton era rico y fácilmente podría costear la impresión.

Halley animó a Newton a actuar en su sueño y agregó incalculable importancia a su vida. Newton empezó a recoger casi de inmediato las recompensas de prominencia. Halley recibió poco crédito, pero debió haber ganado una gran satisfacción en saber que había inspirado ideas revolucionarias en el avance del pensamiento científico.

Identifique y busque su sueño. Hágalo personal, alcanzable, perceptible, visible y extensible. El deseo de importancia puede forzarnos a dar lo mejor. Además, ser parte del logro de nuestro sueño puede enriquecer la vida de los que nos rodean.

Otra manera de añadir importancia a la vida de quienes dirige es mostrarles la gran visión y darles a saber que están contribuyendo con ella. Muchos se meten tan de lleno en la tarea del momento que no pueden ver la importancia de lo que hacen.

Un miembro de mi personal que fue decano de un instituto vocacional me habló del día en que estaba mostrando los alrededores a un nuevo empleado. Cuando presentaba a cada persona y describía el cargo que desempeñaba, la recepcionista alcanzó a escucharle decir que el suyo era un puesto de mucha importancia.

—No soy importante —comentó la recepcionista—. Lo más importante que hago día a día es llenar un informe.

—Sin usted —replicó el decano— esta escuela no existiría. Cada nuevo estudiante que llega habla primero con usted. Si usted no les gusta, a ellos no les gustará la escuela. Si no les gusta la escuela no vendrían aquí a estudiar y nosotros nos encontraríamos rápidamente sin estudiantes. Tendríamos que cerrar nuestras puertas.

—¡Vaya! —replicó ella—, jamás lo había visto de esa manera.

De inmediato el decano notó que ella parecía haber ganado más confianza, se enderezó lo más alto que pudo detrás de su escritorio y contestó el teléfono. El líder de su departamento jamás le había explicado la importancia de su trabajo. No le había explicado el valor de la organización. Ella agregó importancia a su vida al vislumbrar la gran visión.

PROPORCIONE SEGURIDAD

Norman Cousins dijo: «Las personas nunca están más inseguras que cuando se obsesionan con sus temores a expensas de sus sueños». Quienes se concentran en sus miedos no crecen; se paralizan. Los líderes están en posición de proveer a sus discípulos un ambiente de seguridad en el cual puedan crecer y desarrollarse. Un líder potencial que se siente seguro está más ansioso de tomar riesgos, de tratar de sobresalir, de abrir nuevos horizontes y de triunfar. Los líderes grandiosos hacen que sus seguidores se sientan más grandes de lo que son. Estos rápidamente empiezan a pensar, actuar y producir mejor de lo que son. Finalmente se convierten en lo que piensan que son.

En alguna ocasión dijo Henry Ford: «Uno de los grandes descubrimientos que hace un hombre, una de sus grandes sorpresas, es darse cuenta de que puede hacer lo que temía que no podía hacer». Un líder entrenador le brinda a un líder potencial la seguridad que necesita para hacer ese descubrimiento.

RECOMPENSE LA PRODUCCIÓN

Las personas se elevan hasta nuestro nivel de expectativas. Tratan de darnos lo que recompensamos. Si quiere que su personal produzca, tiene que recompensar la producción.

El fundador de IBM, Thomas J. Watson, padre, era famoso por llevar consigo una chequera cuando caminaba por las plantas y oficinas. Dondequiera que veía a alguien efectuando una tarea excepcional, le giraba un cheque. Tal cheque podía ser de cinco, diez o veinticinco dólares. Las sumas eran pequeñas, pero el impacto de esta acción era extraordinario. En muchos casos las personas nunca hacían efectivo el cheque. Lo emmarcaban y colocaban en las paredes. No encontraban su recompensa en el dinero sino en el reconocimiento personal de su producción. Eso es lo que da importancia y lleva a alguien a dar lo mejor de sí.

Hasta el individuo más diligente y trabajador se desmoralizará finalmente si la producción es más desalentadora que satisfactoria. Quizás usted recuerde la historia infantil de la gallinita roja que quería ayuda para hacer pan. He aquí una versión moderna:

Érase una vez en que había una gallinita roja que escarbaba en el corral hasta que descubrió algunos granos de trigo. Llamó a sus vecinos.

—Si plantamos este trigo —les dijo—, tendremos pan para comer. ¿Quién me ayudará a plantarlo?

—Yo no —dijo la vaca.

—Yo no —dijo el pato.

—Yo no —dijo el cerdo.

—Yo no —dijo el ganso.

—Entonces yo lo haré —dijo la gallinita roja.

Y lo hizo.

El trigo creció alto y maduró en grano dorado.

—¿Quién me ayudará a recoger mi trigo? —preguntó la gallinita roja.

—Yo no —dijo el pato.

—Eso está fuera de mi clasificación —dijo el cerdo.

—Perdería mi antigüedad —dijo la vaca.

—Perdería mi compensación por desempleo —dijo el ganso.

—Entonces yo lo haré —dijo la gallinita roja.

Y lo hizo.

Llegó el momento de hornear el pan.

—¿Quién me ayudará a hornear el pan? —preguntó la gallinita roja.

—Eso sería trabajo de sobretiempo para mí —dijo la vaca.

—Perdería los beneficios de bienestar social —dijo el pato.

—Si voy a ser el único ayudante, sería discriminación —dijo el ganso.

—Entonces yo lo haré —dijo la gallinita roja.

Ella horneó cinco panes y los sostuvo en alto para que sus vecinos los vieran. Todos querían pan. De hecho, exigieron que les diera.

—No —dijo la gallinita roja—. Yo puedo comerme los cinco panes.

—¡Exceso de utilidades! —gritó la vaca.

—¡Sanguijuela capitalista! —voceó el pato.

—¡Demando derechos de igualdad! —gritó el ganso.

El cerdo sólo gruñía. Entonces los demás rápidamente pintaron letreros y marcharon por los alrededores gritando obscenidades.

Llegó un agente del gobierno y dijo a la gallinita roja:

—No debes ser tan glotona.

—Pero yo me gané el pan —dijo la gallinita roja.

—Exacto —manifestó el agente—, estas son las maravillas del sistema de libre empresa. Todos en este corral pueden ganar tanto como quieran. Sin embargo, bajo las regulaciones gubernamentales, los trabajadores que producen deben dividir su producto con los haraganes.

Después de eso todos vivieron felices. Pero los vecinos de la gallinita roja se preguntaban por qué ella nunca volvió a hacer pan.[2]

Los líderes debemos asegurarnos de que nuestra gente no se sienta como la gallinita roja. No debemos ser como el agente del gobierno. Debemos brindar reconocimientos positivos y ánimo a los productores, y debemos ser cuidadosos de no recompensar a los haraganes. Eche una mirada a su organización. ¿Qué está recompensando?

ESTABLEZCA UN SISTEMA DE AYUDA

Desarrolle un sistema de ayuda para los empleados. Nada hiere más la moral que pedir a los demás que hagan algo sin darles recursos para que lo logren. Creo que todo líder potencial necesita apoyo en cinco aspectos:

---

2. Revista *Success Unlimited* [Éxito ilimitado] (fuera de circulación).

Apoyo emocional

Cree una atmósfera de «sí, tú puedes». Una persona puede escalar posiciones, aun cuando le falte apoyo en otras áreas, si se le ha dado apoyo emocional. Este apoyo cuesta lo mínimo y rinde increíbles beneficios.

Entrenamiento

Una de las maneras más rápidas de edificar a las personas es a través del entrenamiento. Quienes reciben entrenamiento sienten que la organización cree en ellos. Al estar mejor entrenados son más productivos.

Dinero

Invierta dinero en su personal; esto siempre rinde los mejores beneficios a su inversión.

Los líderes mezquinos producen trabajadores mezquinos. Para las personas es difícil darse cuando el líder no se da a sí mismo. Si usted da maní, espere conseguir monos. Invierta dinero en la gente; esto siempre rinde los mejores beneficios a su inversión.

Equipo

Para hacer el trabajo adecuado necesita las herramientas adecuadas. Demasiado a menudo un mal líder ve las cosas desde una perspectiva de corto plazo. Invertir en el equipo adecuado da a las personas ocasión de ser más productivas y les mantiene la moral en alto.

Personal

Provea el personal necesario para que se haga el trabajo; y proporcione buenos elementos. Los problemas personales pueden consumir el tiempo y la energía de un líder potencial, dejando poco tiempo para la producción.

Establezca un sistema de apoyo para todos a su alrededor. Pero increméntelo para cada individuo sólo si este crece y tiene éxito. He encontrado que el familiar principio 80/20, que discutí ampliamente en *El desarrollo del líder que hay en usted*, se ajusta muy bien aquí. Veinte por ciento de las personas de una organización producen ochenta por ciento de los resultados finales. Por lo tanto, cuando estructure su sistema de apoyo dele a su veinte por ciento de mejores productores el ochenta por ciento de la ayuda total.

Las personas que trabajan con un sistema de ayuda tienen el ambiente y las herramientas para triunfar; son parte de un medio cooperativo. Un ejercicio de entrenamiento comercial, descrito por Tom Geddie en una conferencia de Servicios del Centro y del Suroeste, da una ilustración maravillosa de lo que puede suceder en un ambiente cooperativo:

Dibuje una línea imaginaria en el piso y coloque una persona a cada lado. El propósito es conseguir que, sin usar la fuerza, una persona convenza a la otra de atravesar la línea. Los jugadores estadounidenses casi nunca se convencen unos a otros, pero sus homólogos japoneses dicen sencillamente: «Si cruzas la línea, yo también lo haré». Intercambian lugares y ambos ganan.

Los japoneses reconocen la importancia de la cooperación y ayuda mutuas. Estas han sido una clave para su éxito en los últimos cincuenta años. También pueden ser una clave para el éxito suyo y de los que le rodean.

DISTINGA Y PERSONALICE LA CARRERA DEL LÍDER POTENCIAL

Teddy Roosevelt tenía en cierta ocasión un perrito que siempre estaba metido en peleas e irremediablemente terminaba golpeado.

—Coronel —dijo alguien—, ese perro no tiene mucho de peleador.

—Qué va —replicó Teddy—, es un gran peleador. Sólo que es un mal juzgador de perros.

Los líderes deben ser buenos al juzgar a otros. El experto en liderazgo, Peter Drucker, dice a menudo: «Es más importante discipular una vida que enseñar una lección». Discipular a alguien involucra discernimiento de quién es esa persona, conocimiento de a dónde se supone que va y provisión de lo que necesita para llegar. La persona y la tarea que se le da deben ser compatibles. Como lo dice Drucker: las personas son como las flores. Alguien, como una rosa, necesita fertilizante. Otro, que parece más una buganvilla, no lo necesita. Si usted no da a las flores el cuidado que necesitan, nunca se abrirán. El líder debe ser capaz de decir cuál es cuál.

> **Gaste ochenta por ciento de su tiempo en el más prometedor veinte por ciento de sus líderes potenciales.**

En el capítulo anterior hablamos de la identificación de los líderes potenciales. Cada persona que usted contrata para su organización debería ser un líder potencial, sin embargo, usted no debe intentar guiar personalmente a todos. Guíe y cultive a cada uno con su influencia, pero invierta ochenta por ciento de su tiempo en el más productivo veinte por ciento de sus líderes potenciales. He aquí algunas pautas para seleccionar las personas adecuadas, con el fin de guiarlas y desarrollarlas:

Seleccione personas cuya filosofía de vida sea similar a la suya

Será más difícil desarrollar a alguien cuyos valores sean muy diferentes de los suyos.

Elija personas con el potencial en que usted sinceramente crea

Si no cree en ellos no les dará el tiempo que necesitan, y notarán su falta de confianza en ellos. Algunos de los más importantes atletas profesionales de la nación vienen de pequeños colegios que no recibieron publicidad. Todos esos jugadores tuvieron la necesidad de buscadores profesionales que reconocieran el potencial que la oportunidad adecuada les brindaría. El secreto de la guianza en cualquier campo es ayudar a la persona a llegar donde quiere ir.

Determine lo que ellos necesitan

Determinar lo que los líderes potenciales necesitan involucra mirar objetivamente sus fortalezas y debilidades. Sus fuerzas indican las direcciones en las que tienen que ir, en lo que se pueden convertir. Sus debilidades nos muestran lo que necesitamos para ayudarlos a mejorar. Animarlos y ayudarlos en sus fortalezas puede hacerlos vencer sus debilidades y acercarlos al logro de su potencial.

Evalúe constantemente su progreso

Las personas deben reaccionar, especialmente en su desarrollo. Ben Franklin dijo: «El ojo del maestro trabajará más que sus manos». Él sabía que la fortaleza de un líder es su habilidad para evaluar. Un guía honesto debe ser objetivo. Si es necesario estimulará a su discípulo a mantenerse en curso, a buscar otra dirección o aun a entrar en relación con otro guía.

Comprométase, sea serio y esté disponible para la persona que guía

El desarrollo de los líderes potenciales será un reflejo de su compromiso hacia ellos: compromiso pobre significa desarrollo pobre; gran compromiso significa gran desarrollo.

Danny Thomas dijo: «Todos nacimos por una razón, pero no todos descubrirán por qué. El éxito en la vida no tiene nada que ver con lo que usted gane o logre para sí mismo. Es lo que haga por los demás». Al personalizar el camino de cada uno, usted le ayuda a maximizar su potencial. Le da una oportunidad de descubrir su propósito. También maximiza la contribución de él para con usted y su organización.

La mayoría de las personas están de acuerdo en que cultivar a los niños es importante para su desarrollo. Sin embargo, a menudo fallan en ver esa misma importancia en el lugar de trabajo. Asumen que los líderes potenciales se cuidarán a sí mismos. Si como líderes no cuidamos a nuestros líderes potenciales, estos nunca se desarrollarán como la clase de líderes que deseamos. Como lo dijo Ralph Waldo Emerson: «Una de las más hermosas compensaciones de esta vida es que ningún hombre puede intentar ayudar a otro sin ayudarse a sí mismo». Todos ganan cuando usted cuida a los que están a su alrededor.

El requisito diario del líder:

EQUIPAR A LOS LÍDERES POTENCIALES

A estas alturas usted ya conoce algunas maneras básicas de identificar líderes potenciales, de crear un clima en el que pueda cuidarlos y cultivarlos. Ahora es el momento de ver más específicamente cómo prepararlos para el liderazgo dentro de la organización. Este proceso se denomina equipamiento o preparación.

La preparación es como el entrenamiento. Pero prefiero usar el primer término porque describe más fielmente el proceso que deben seguir los líderes potenciales. Por lo general el entrenamiento se centra en tareas específicas; por ejemplo, usted entrena a alguien para usar una máquina copiadora o para contestar el teléfono de una manera particular. Entrenarse es sólo una parte del proceso de equipamiento que prepara a alguien para el liderazgo.

Equipar a un líder potencial es como preparar a una persona no calificada para escalar el pico de una montaña alta. Su preparación es un proceso. Con certeza necesita que se le dote del equipo adecuado, como ropas para el frío, cuerdas, picos y clavos. También debe entrenarse en el uso de ese equipo.

Creo que la preparación de un alpinista es más que tener el equipo adecuado y saber cómo usarlo. Se le debe acondicionar físicamente con el fin de prepararlo para el difícil ascenso. Se le debe entrenar para que sea parte de un equipo. Más importante aún, se le debe enseñar a *pensar* como un alpinista. Él debe ser capaz de observar el pico y *ver* cómo lo va a conquistar. Sin tener el equipamiento adecuado no sólo no llegará a la cumbre, sino que podría quedarse varado en medio de la montaña expuesto a morir congelado.

> **El equipamiento es un proceso continuo.**

El equipamiento, al igual que el cuidado, es un proceso continuo. Usted no equipa a alguien en unas pocas horas o en un día. Tampoco se puede efectuar usando una fórmula o una película en video. Se debe adaptar a cada líder potencial.

El preparador ideal es quien puede impartir la visión del trabajo, evaluar al líder potencial, darle las herramientas que necesita y luego ayudarlo a lo largo del camino en el comienzo de su viaje.

El preparador es un *modelo*: un líder que ejecuta el trabajo de buena manera, correctamente y con perseverancia.

El preparador es un *mentor*: un consejero que tiene la visión de la organización, que puede comunicarse con los demás e incitarlos por medio de su experiencia.

El preparador es una *fuente de poder*: alguien que puede inculcar en el líder potencial el deseo y la habilidad de desarrollar el trabajo. Puede dirigir, enseñar y evaluar el progreso de quien equipa.

> **La preparación se debe adaptar a cada líder potencial.**

Para tener una idea de cómo juzgar las habilidades observe este cuadro de características del líder potencial, adaptado por el escritor y consejero de líderes Bobb Biehl:[1]

---

1. B. Biehl *Increasing Your Leadership Confidence* [Aumento de la confianza en su liderazgo], Questar, Sister, Oregón, 1989.

ELEMENTOS DE ACCIÓN	EXIGENCIAS DE TRABAJO ALTAMENTE SOBREPASADAS	EXIGENCIAS DE TRABAJO SOBREPASADAS	CUMPLIMIENTO DE LAS EXIGENCIAS DE TRABAJO	NECESIDAD DE MEJORAR	NO CUMPLE LOS REQUISITOS MÍNIMOS
Calidad	Salta obstáculos elevados de manera sencilla	Debe tomar impulso para saltar obstáculos elevados	Sólo puede saltar pequeños o medianos obstáculos	Choca contra los obstáculos cuando pretende saltarlos	No puede reconocer en absoluto los obstáculos, mucho menos saltarlos
Ser oportuno	Más rápido que una bala	Tan rápido como una bala	No tan rápido como una bala	¿Creería en una bala lenta?	Se heriría al intentar disparar el arma
Iniciativa	Más fuerte que una locomotora	Más fuerte que un elefante	Más fuerte que un toro	Más es lo que habla	Apenas huele a toro
Adaptabilidad	Constantemente camina sobre el agua	En emergencias camina sobre el agua	Se moja	Se bebe el agua	Da agua en emergencias
Comunicación	Habla con Dios	Habla con los ángeles	Habla consigo mismo	Discute consigo mismo	Pierde cuando discute consigo mismo

PREGUNTAS DE PREPARACIÓN

La preparación eficaz empieza haciendo preguntas. Las hacemos para determinar la dirección que nuestros esfuerzos por prepararnos deben seguir. Si no las hacemos nos podemos encontrar enseñando lo erróneo a las personas erradas en busca de propósitos errados. Personalmente empiezo el proceso con el análisis de la organización, de mí mismo y de los líderes potenciales. Para obtener la información que necesito hago tres clases de preguntas:

PREGUNTAS ACERCA DE LA ORGANIZACIÓN

Estas preguntas determinarán las necesidades de equipamiento que se deben cubrir y la dirección que se debe seguir para servir mejor a la organización.

¿Cuál es el propósito de la organización?

El desarrollo de los líderes de una organización debe comenzar con una revisión del propósito de esta (de preferencia este propósito ya está escrito. Si no lo está, escríbalo ahora. O pida a alguien autorizado que le proporcione una declaración del propósito). Ni siquiera considere la posibilidad de un equipamiento o entrenamiento que no contribuya al cumplimiento del propósito de la organización.

¿Cuál es la necesidad primordial de la organización?

Cuando usted conoce las necesidades más importantes de la organización para cumplir su propósito, conoce también su necesidad primordial de equipamiento. Defina esa necesidad tan claramente como le sea posible.

¿Existe un programa de entrenamiento para hacer frente a esa necesidad?

Si no lo hay, ya sabe dónde empezar. En caso contrario, utilice las ideas de este capítulo para mejorarlo.

¿Qué áreas de la organización tienen el mayor potencial de crecimiento?

Cuando entrena y prepara un equipo para el crecimiento, usted trabaja para su solidez: es más proactivo que reactivo. Se coloca a sí mismo totalmente preparado en posición de conocer el futuro.

¿Tiene ese crecimiento potencial la necesidad de líderes para el logro de la meta?

El área de crecimiento potencial nunca pasará de «potencial» a real sin líderes listos a hacer que se desarrollen los hechos. Si los líderes no están listos, se les debe equipar y desarrollar.

PREGUNTAS ACERCA DE MÍ MISMO

Las preguntas relacionadas con la organización indican la dirección que debe llevar el equipamiento. La próxima clase de preguntas clarificará la manera en que esto se debe hacer. Como líder, yo dirijo el tono del proceso de preparación.

¿Quiero derramar mi vida en otros?

Darse a los líderes potenciales es una manera de vivir de los mejores líderes. Estos lo hacen diariamente. El desarrollo de su gente es más importante que el suyo propio. Quieren hacer participar del crédito cuando todo sale bien. El equipamiento exige sacrificio.

¿Estoy comprometido en un equipamiento organizacional?

Equipar requiere compromiso. Exige tiempo y esfuerzo de parte del liderazgo de una organización. Todo el mundo sabe que para un líder es más rápido y fácil hacer una tarea personalmente, que enseñar a otros a hacerla. Pero hacerla por sí mismo es una solución momentánea. El camino más largo y duro, el equipamiento de otros, es una solución permanente, pero exige compromiso de cada persona en la organización.

¿Soy eficaz en las áreas que debo equipar?

Esta es una pregunta difícil que requiere una respuesta honrada. Si es «no», el líder debe localizar a alguien, dentro o fuera de la organización, que sea eficaz en las áreas que necesitan entrenamiento. O en vez de eso, debe salir y equiparse personalmente.

¿He hecho una lista de líderes potenciales?

Como mencioné en el capítulo tres, un buen líder siempre está buscando líderes potenciales. Comienza siempre con los mejores elementos que encuentra. A medida que los nutre emergerá de ellos un grupo de personas con el máximo potencial.

De ese grupo seleccione un prospecto de lista de líderes potenciales que debe considerar para equipar y desarrollar.

¿Qué he supuesto que debo cambiar?

Con frecuencia las personas se toman una falsa impresión de otros individuos. Los líderes muchas veces construyen sus expectativas de quienes desarrollarán, basados en esas falsas primeras impresiones. Cuando usted está consciente de que ha supuesto algo, puede ir más allá de lo superficial y llegar a un nuevo nivel en sus relaciones con los líderes potenciales. Esto le permite un mejor entendimiento de dónde están, de lo que necesitan y de lo que les puede suministrar.

PREGUNTAS ACERCA DEL LÍDER POTENCIAL

Una vez que haya identificado las necesidades de equipamiento de la organización, que se haya examinado a usted mismo y que haya desarrollado una lista de candidatos, está listo para seleccionar la gente que va a preparar. El objetivo ahora es minimizar la cantidad de posibles líderes a las personas con mayor potencial. Hágase estas preguntas acerca de cada individuo para encontrar los que presentan ese mayor potencial:

¿Es esta persona filosóficamente compatible con la organización y con mi liderazgo?

Si la respuesta es no, ni siquiera considere la posibilidad de guiar o equiparla. Ante todo debe haber compatibilidad; de otra manera, ninguna clase de entrenamiento en el mundo hará de ella el tipo de líder que usted quiere y necesita.

¿Muestra esta persona un potencial de crecimiento?

El potencial de crecimiento no garantiza el desarrollo, pero su falta garantiza que el crecimiento no se efectuará. Si el individuo no parece tener el deseo y la habilidad de crecer, busque otro candidato.

¿Tengo dudas acerca de esta persona?

El momento de despejar las dudas es antes de seleccionar a la persona para equiparla. Tómese el tiempo para entrevistar, luego haga entrevistas de seguimiento para responder otros interrogantes que se le ocurran más adelante. Tal vez usted quiera que alguien de su organización, a quien respete, también entreviste a esa persona. Posiblemente él vea algunos aspectos que se le hayan escapado a usted. Si puede responder 95% de las preguntas acerca de este individuo, entonces con seguridad es un buen candidato. La única excepción es el carácter. Si tiene cualquier duda acerca de su carácter, no lo elija para desarrollarlo.

¿Estoy seleccionando esta persona por sus obvios puntos fuertes, o debido a que no vislumbro debilidad mayúscula alguna?

Cuando observa a un líder potencial, sin ver en él grandes cualidades, no lo elija para equiparlo o desarrollarlo, aun cuando no vea tampoco grandes debilidades. Si se siente tentado a seleccionarlo, no lo haga. ¿La razón? Porque si lo hace está invitando a la mediocridad.

El técnico en administración Peter Ducker explica en *The Effective Executive* [El ejecutivo eficaz] que en el inicio de su presidencia, Abraham Lincoln cometió errores al seleccionar a sus generales: buscó hombres que no tenían debilidades aparentes. En consecuencia, el bien dotado ejército de la Unión salió mal parado ante los confederados. En cierta ocasión Lincoln comentó irritado que si el general McClellen no planeaba usar el ejército, a él le gustaría prestarlo.

El ejército confederado estaba lleno de generales que, aunque tenían debilidades obvias, estaban dotados de grandes virtudes. Adecuadamente desarrolladas y usadas, estas virtudes dieron victorias una y otra vez. Finalmente Lincoln aprendió la lección y seleccionó a Ulises Grant como líder del ejército de la Unión, este era tanto un gran líder como alcohólico. Cuando busque líderes potenciales seleccione personas con virtudes obvias, aun cuando vea debilidades.

¿Cuáles son las aptitudes del líder potencial?

Se tiene que entrenar y desarrollar a las personas primordialmente en sus áreas fuertes.

Se deben considerar dos clases de «aptitudes»: Primero, los dones y habilidades de una persona deben ser acordes con el trabajo que va a realizar. Considere dones y habilidades tales como temperamento, educación, experiencia laboral, capacidades, personalidad y pasión. A las personas se les tiene que entrenar y desarrollar primordialmente en sus áreas fuertes. Además, es en esas áreas que se les pide desarrollar el mayor trabajo. A menudo hablo acerca del principio 80/20, que también se puede aplicar en este caso: Una persona debe utilizar 80% de su tiempo haciendo lo que requieren sus más grandes dones y habilidades. Esto lo ayudará a cumplir su objetivo.

La segunda tiene que ver con la manera en que encaja en el equipo. No importa cuán grandioso es el jugador, si no puede jugar en equipo no ayudará a la organización. Añadir un nuevo elemento al equipo siempre cambia la química de este.

Una persona debe utilizar 80% de su tiempo haciendo lo que exigen sus dones y habilidades.

Esto es especialmente cierto en los deportes: un buen equipo se hace con personas de diferente talento, jugando en posiciones diferentes para lograr un objetivo (¿se puede imaginar un equipo completo de básketbol compuesto sólo de defensas de dos metros quince centímetros de estatura, que se especialice en detener los disparos contrarios, sin rebotadores, delanteros, encestadores ni armadores, sólo defensas? Qué desastre).

Fuera de los deportes, los equipos también se deben crear estratégicamente. Deben tener la química adecuada. Cuando cada jugador brinda su estilo y talento particular al equipo, y todos pueden jugar con respeto y aprecio unos por otros, se puede crear un maravilloso y poderoso equipo.

* * *

Si aun no se ha detenido a responder estas interrogantes, quiero incitarlo a que lo haga ahora. Escriba sus respuestas. Si tiene una organización propia, no se puede dar el lujo de dejar pasar más tiempo sin preparar el futuro de ella. Incluso si no es el director de la organización, puede empezar a aplicar estos principios. ¡Hágalo ahora!

CÓMO PREPARAR PARA LA EXCELENCIA

Ahora que sabe a quién va a equipar y por qué, está listo para empezar. Los pasos que siguen lo llevarán a través del proceso completo. Empiezan con la edificación de una relación con sus líderes potenciales. A partir de esa base puede instaurar un programa para desarrollarlos, supervisar su progreso, darles poder para efectuar el trabajo y finalmente lograr que transmitan el legado.

DESARROLLE UNA RELACIÓN PERSONAL CON LAS PERSONAS QUE PREPARA

A medida que su personal lo conoce y gusta de usted, se incrementa su deseo de seguir su dirección y de aprender de usted. Si no les gusta, no querrán aprender de usted, y el proceso de preparación se vuelve lento o incluso se detiene.

Las buenas relaciones tutoriales comienzan con una relación personal.

Para construir relaciones empiece por escuchar la historia de la vida de su gente, su viaje hasta aquí. El sincero interés significa mucho para ellos. Le ayudará también a conocer sus fortalezas y debilidades personales. Pregúnteles acerca de sus metas y de lo que las motiva. Averigüe qué clase de temperamento tienen. Con seguridad usted no quiere preparar y desarrollar a alguien cuya más grande pasión es establecer una posición económica en la que estuviera invirtiendo 80% de su tiempo tratando con clientes disgustados.

Una de las mejores maneras de conocer a las personas es verlas fuera del mundo comercial. En el trabajo generalmente están en guardia; tratan de parecerse a otros. Al lograr conocerlos en otros ambientes, usted puede verlos tal como son. Trate de aprender todo lo que pueda sobre ellos e intente llegar a sus corazones. Si lo hace, estarán felices de darle la mano.

HABLE DE SU SUEÑO

Mientras va conociendo a su personal, hábleles de su sueño. Esto los ayuda a que lo conozcan y a saber en qué dirección va. No existe una acción que les muestre mejor su corazón y su motivación.

Woodrow Wilson dijo: «Crecemos por lo que soñamos. Todos los grandes individuos son soñadores. Ven sus sueños en la suave bruma de un día primaveral o en el rojo atardecer invernal. Algunos dejamos que esos sueños mueran, pero otros los alimentan y protegen; los cultivan en los días tormentosos hasta que los llevan al brillo del sol, y la luz siempre ilumina a quienes creen y sinceramente esperan que sus sueños se vuelvan realidad». Con frecuencia me he preguntado: «¿Hace el individuo al sueño, o hace el sueño al individuo?» Mi conclusión es que ambos son igualmente exactos.

Todos los buenos líderes tienen un sueño. Todos los grandes líderes comparten su sueño con otros que pueden ayudarlos a hacerlo realidad. Así como sugiere Florence Littauer, debemos:

Atrevernos a soñar:	Tener el anhelo de realizar algo más grandioso que usted mismo.
Preparar el sueño:	Hacer sus deberes; estar listo para cuando venga la oportunidad.
Manifestar el sueño:	Llevarlo a cabo.
Participar del sueño:	Convertir a otros en parte del sueño, y llevarlo a ser aun más grande de lo que usted había esperado.

EXIJA COMPROMISO

En su libro *The One Minute Manager* [El administrador del momento], Ken Blanchard dice: «Hay una diferencia entre interés y compromiso. Si usted está interesado en hacer algo, lo hace sólo si es conveniente. Si está comprometido en algo, lo acepta sin excusas». No prepare individuos que estén simplemente interesados. Equipe sólo a los comprometidos.

El compromiso es una cualidad por sobre las demás que habilita al líder potencial a convertirse en un líder triunfante. No puede haber éxito sin compromiso. El entrenador de fútbol americano Lou Holtz identificaba la diferencia entre estar involucrado y estar verdaderamente comprometido. Estableció: «El piloto kamikase que pudo participar en cincuenta misiones estaba involucrado, mas no comprometido».

Para determinar si su personal está comprometido, lo primero que debe hacer es asegurarse de que saben lo que les costará convertirse en líderes. Eso significa que usted debe estar seguro de no vender barato el trabajo; déjeles saber lo que van a obtener. Sólo entonces sabrán con qué están comprometidos. Si no se comprometen, no dé un solo paso en el proceso de preparación. No pierda su tiempo.

FIJE METAS DE CRECIMIENTO

Las personas deben establecer objetivos específicos para lograr algo que valga la pena. El éxito nunca llega instantáneamente. Es la consecuencia de dar muchos pasos pequeños. Especificar metas se convierte en un mapa que un líder potencial puede seguir con el fin de crecer. Así como lo establece Shad Helmsetter en *You Can Excel in Times of Change* [Usted puede ser excelente en tiempos de cambio]: «Es la meta la que da forma al plan; es el plan el que establece la acción; es la acción la que lleva al resultado y es el resultado el que conlleva al éxito. Todo empieza con la sencilla palabra *meta*». Como líderes que preparamos debemos acostumbrar a nuestro personal a la práctica de establecer y lograr metas.

Lily Tomlin dijo: «Siempre quise ser alguien, pero debería haber sido más específica». Hoy en día muchos se encuentran en la misma situación. Tienen una vaga idea de lo que es el éxito, y saben que quieren lograrlo; pero no han desarrollado ninguna clase de plan para conseguirlo. He descubierto que los grandes triunfadores en la vida son personas que se fijan metas, y luego trabajan fuertemente para alcanzarlas. Lo que obtienen al conseguir sus objetivos no es nada comparado con lo que llegan a ser al cumplirlas.

Utilice las siguientes pautas cuando ayude a su personal a establecer sus metas:

Haga que las metas sean adecuadas

Recuerde el trabajo que quiere de su gente, y el resultado anhelado: el desarrollo de ellos como líderes eficaces. Identifique las metas que contribuirán con esa gran meta.

Haga que las metas sean posibles

Nada hará que la gente quiera renunciar más rápidamente que enfrentar metas inalcanzables. Me gusta el comentario hecho por Ian MacGregor, expresidente de la junta de directores de AMAX: «Utilizo el mismo principio de los entrenadores de caballos: empiezan con vallas pequeñas, metas fácilmente alcanzables, y las van subiendo. En la administración es importante que nunca se pida a las personas que traten de conseguir metas que no pueden aceptar».

Haga que las metas sean medibles

Sus líderes potenciales nunca sabrán cuándo alcanzaron sus metas si estas no son susceptibles de ser medidas. Cuando pueden medirse, el conocimiento que ellos han logrado les dará un sentido de triunfo. Los dejará también en libertad de establecer nuevas metas para reemplazar las antiguas.

Defina claramente las metas

Cuando las metas no tienen un enfoque claro, tampoco lo tendrán las acciones de las personas que tratan de alcanzarlas.

Haga que las metas sean flexibles

Como ya lo mencioné, las metas tienen que ser alcanzables. Por otro lado, cuando no requieren esfuerzo, las personas que las logran no crecerán. El líder debe conocer suficientemente a su personal para identificar las metas alcanzables que exigen flexibilidad.

> El líder debe conocer suficientemente bien a su personal para identificar las metas alcanzables que requieran flexibilidad.

Escriba las metas

Cuando escriben sus metas, las personas se hacen más responsables de ellas. Un estudio de los graduados de la Universidad de Yale mostró que un pequeño porcentaje de ellos que habían escrito sus metas llegaron más rápidamente a cumplirlas que todos los demás juntos. Escribir las metas es eficaz.

También es importante animar a sus líderes potenciales a revisar con frecuencia sus metas y progresos. Ben Franklin sacaba tiempo todos los días para responderse dos interrogantes. En la mañana se preguntaba: «¿Qué bien haré hoy?» Y en la noche: «¿Qué bien he hecho hoy?»

COMUNIQUE LO ESENCIAL

Para ser productivas y estar satisfechas profesionalmente, las personas tienen que saber cuáles son sus responsabilidades fundamentales. Parece muy simple, sin embargo Peter Ducker dice que uno de los problemas críticos en el lugar de trabajo es que hay falta de comprensión entre el empleado y el patrón en relación con lo que el primero debe hacer. A menudo a los empleados se les hace sentir vagamente responsables de todo, lo que los paraliza. En lugar de eso debemos clarificarles de qué son responsables y de qué *no lo son*. De esa manera podrán centrar sus esfuerzos en lo que queremos, y tendrán éxito.

Volvamos a cómo funciona un equipo de básketbol. Cada uno de los cinco jugadores tiene una tarea específica. Hay un lanzador central que es el encargado de hacer puntos. El otro centro es un asegurador de puntos. Su oficio es pasar a quien pueda encestar. Otro jugador es un delantero de poder del que se espera que agarre los rebotes. El trabajo del delantero retrasado es encestar, y el del centro es tomar rebotes, bloquear lanzamientos y anotar. Cada miembro del equipo conoce su trabajo, lo que debe ser su única contribución al equipo. El equipo gana cuando cada uno se concentra en sus responsabilidades particulares.

Una de las mejores maneras de especificar las expectativas es proveer descripciones de trabajo a su personal. Identifique en ellas las cuatro o seis funciones primordiales que usted quiere que cada uno ejecute. Evite las interminables listas de responsabilidades. Si no se puede resumir la descripción del trabajo, quizás sea demasiado extenso. También trate de aclarar la autoridad que tienen, los parámetros de trabajo para cada función que van a ejecutar y el orden de autoridad en la organización.

Otro fundamento que se debe comunicar a los nuevos líderes es cómo decidir el orden de prioridad. Le digo a las personas que todo lo que hacen es prioridad «A» o «B». La idea les ayuda a entender lo que tiene mayor importancia.

Las prioridades «A» son las que llevan adelante a la organización, al departamento o a la función de trabajo, las que abren el camino y las puertas a nuevas oportunidades o descubren nuevos mercados. Llevan al crecimiento del personal en la organización. Las prioridades «B» se relacionan con el mantenimiento. Se necesitan para que todo se mantenga funcionando correctamente, como contestar cartas o llamadas telefónicas y cuidar de los detalles. Son aspectos que no se pueden descuidar, pero que no añaden valor a la organización. Con frecuencia he descubierto que las personas dan lo mejor de sí mismos a las prioridades «B» debido a que parecen urgentes, y califican de prioridad «A» a lo que sobra. Animo siempre a mi personal a dar 80% de su tiempo y energía a las prioridades «A», y el restante 20% al grupo de las «B».

Finalmente, un líder debe comunicar a su gente la importancia que su trabajo tiene tanto para la organización como para él. A menudo esto es lo más esencial para el empleado.

DESARROLLE EL PROCESO DE LOS CINCO PASOS DEL ENTRENAMIENTO

Parte del proceso de preparación incluye entrenar a las personas para que ejecuten tareas específicas de los trabajos que deben efectuar. El enfoque del entrenamiento que tome el líder determinará el éxito o el fracaso de su gente. Si su enfoque es seco o académico, el líder potencial recordará muy poco de lo que le enseña. Si sencillamente arroja a los individuos al trabajo sin dirección alguna, pueden sentirse como este empleado de Olafo el Amargado:

Reimpreso con permiso especial de King Features Syndicate

La mejor clase de entrenamiento saca ventaja de la manera en que aprendemos. Los investigadores nos dicen que recordamos 10% de lo que oímos, 50% de lo que vemos, 70% de lo que decimos y 90% de lo que oímos, vemos y decimos. Sabiendo eso, tenemos que desarrollar un método de entrenamiento. He visto que el mejor de ellos es un proceso de cinco pasos:

Paso 1: Doy el ejemplo

El proceso empieza conmigo; ejecuto el trabajo mientras los que se entrenan observan. Cuando lo hago trato de darles la oportunidad de que me vean durante todo el proceso. Cuando los líderes entrenan, con mucha frecuencia empiezan en la mitad de la labor y confunden al aprendiz. Cuando quienes se entrenan ven el trabajo efectuado completa y correctamente, tienen algo para tratar de duplicar.

Paso 2: Guío

Durante este paso continúo haciendo la obra, pero esta vez la persona que entreno está a mi lado y toma parte en el proceso. También me tomo tiempo para explicarle no sólo *cómo*, sino el *porqué* de cada paso.

Paso 3: Observo

En este punto cambiamos posiciones. Quien se entrena efectúa el trabajo y yo lo asisto y lo corrijo. Durante esta fase es especialmente importante para el entrenado ser positivo y animador. Esto lo hace perseverar y mejorar en vez de renunciar. Trabajo con él hasta que desarrolle constancia. Cuando ha terminado el proceso hago que me lo explique. Esto le ayuda a entender y recordar.

Paso 4: Motivo

En este paso dejo en libertad de trabajar al entrenado. Mi deber es asegurarme de que sabe cómo hacerlo sin ayuda y mantenerlo entusiasmado para que continúe mejorando. Para mí es importante permanecer con él hasta que sienta el éxito. Este es un gran motivador. En este momento el entrenado quizás quiera mejorar el proceso. Anímelo a que lo haga y al mismo tiempo aprenda de él.

Paso 5: Multiplico

Esta es mi parte favorita del proceso total. Una vez que los nuevos líderes efectúan perfectamente el trabajo, les llega el turno de enseñar a otros a hacerlo. Como maestros que ya son, saben que el mejor modo de aprender algo es enseñando. Lo hermoso de esto es que me da libertad para desarrollar otras tareas mientras ellos llevan adelante el entrenamiento.

PRESENTE EL «GRAN ÁRBOL»

Todo el entrenamiento del mundo tendrá un éxito limitado si usted no deja a su gente en libertad de hacer el trabajo. Creo que si consigo a los mejores, les transmito mi visión, los entreno en lo esencial y luego los dejo trabajar, obtengo a cambio lo mejor de ellos. Así como en alguna ocasión declaró el general George S. Patton: «No digas a los demás cómo hacerlo. Diles qué hacer y te sorprenderán con su ingenio».

Usted no puede soltar a su gente sin una estructura, pero también debe darles suficiente libertad para que sean creativos. La manera de hacerlo es dándoles el gran árbol: *responsabilidad, autoridad* y *rendimiento de cuentas*.

Para algunos, la responsabilidad es la más fácil de dar. Todos queremos que quienes nos rodean sean responsables. Sabemos cuán importante es. Como escritor y editor, Michael Korda dijo: «En cualquier escala de importancia, el éxito le exige que acepte responsabilidad[....] En el análisis final, la única cualidad que toda persona próspera tiene es la habilidad de tomar responsabilidad».

Lo más difícil para algunos líderes es hacer que su gente mantenga la responsabilidad después de que se las ha dado. Los malos administradores quieren controlar cada detalle del trabajo de sus empleados. Cuando esto sucede, los líderes potenciales que trabajan para ellos se frustran y no se desarrollan. En vez de querer más responsabilidad, se vuelven indiferentes o la evitan. Si usted quiere que su personal tome responsabilidad, désela verdaderamente.

De la mano de la responsabilidad debe ir la autoridad. El progreso no se presenta hasta que no se unen. Winston Churchill dijo ante la Casa de los Comunes durante la Segunda Guerra Mundial: «Soy vuestro siervo. Tenéis el derecho de destituirme cuando lo deseéis. De lo que no tenéis derecho es de darme responsabilidad sin darme el poder de actuar». Las personas obtienen poder cuando les llegan juntas la responsabilidad y la autoridad.

Hay un importante aspecto de la autoridad que se debe señalar. Cuando damos autoridad por primera vez a los nuevos líderes, realmente les *damos permiso* para que tengan autoridad en vez de *darles la autoridad* misma. La verdadera autoridad se debe ganar. George Davis declara en *Magic Shortcuts to Executive Success* [Atajos mágicos para ejecutivos prósperos]:

La autoridad no es algo que simplemente compramos, con lo que nacemos o que nos han delegado nuestros superiores. Es algo que nos ganamos, y que podemos ganar de nuestros subordinados. Ningún administrador tiene autoridad real sobre su personal hasta que, ante los ojos de estos, haya probado que la merece... no ante sus propios ojos ni los de sus superiores.

Debemos dar a nuestro personal el permiso para desarrollar autoridad. Esa es nuestra responsabilidad. Ellos a su vez deben ser responsables de ganarla.

He observado diferentes niveles de autoridad:

Niveles de autoridad

Posición

La clase de autoridad más esencial viene de la posición de alguien en el organigrama de la firma. Este tipo de autoridad no va más allá de los parámetros de la descripción laboral. Aquí es donde empieza todo nuevo líder. A partir de aquí, o puede ganar autoridad o puede minimizar la poca que le han dado. Es su decisión.

Competencia

Este tipo de autoridad se basa en las capacidades profesionales de un individuo, la habilidad de ejecutar una labor. Los seguidores dan autoridad en el área de su pericia a los líderes competentes.

Personalidad

Los seguidores también dan autoridad basados en sus características personales, tales como personalidad, apariencia y carisma. La autoridad basada en la personalidad es un poco más amplia que la que se basa en la competencia, pero no es en realidad más avanzada porque tiende a ser superficial.

Integridad

La autoridad que se basa en la integridad viene del corazón del individuo. Se fundamenta en el carácter. Cuando los nuevos líderes obtienen autoridad basada en su integridad atraviesan una nueva etapa de su desarrollo.

Espiritualidad

A nivel secular las personas rara vez consideran el poder de la autoridad que se basa en la espiritualidad. Esta autoridad viene de las experiencias personales con Dios y del poder de Él que se manifiesta a través de ellos. Es la más sublime forma de autoridad.

Los líderes deben ganar autoridad con cada nuevo grupo de personas. Sin embargo, he descubierto que cuando la han ganado en un nivel particular, les lleva muy poco tiempo establecer ese nivel de autoridad con otro grupo. Esto sucede más rápidamente mientras más elevado sea el nivel de autoridad.

Una vez que se han dado a las personas, responsabilidad y autoridad, estas tienen el poder de hacer que sucedan los acontecimientos. Pero también tenemos que estar seguros de que estos sean los adecuados. Aquí es donde rendir cuentas entra en escena. La verdadera responsabilidad de parte de los nuevos líderes incluye la disposición de rendir cuentas. Si les proveemos el ambiente adecuado (como se describió en el capítulo dos), nuestro personal no temerá rendir cuentas. Admitirán los errores y los verán como parte del proceso de aprendizaje.

La parte que le corresponde al líder en este aspecto es tomarse el tiempo para revisar el trabajo del nuevo líder y criticarlo honesta y constructivamente. Es de suma importancia que el líder le dé todo su apoyo, pero que este sea honrado. Cuando Harry Truman tomó la presidencia de los Estados Unidos al morir el presidente Franklin D. Roosevelt, el vocero de la Casa Blanca, Sam Rayburn, le dio algunos consejos paternales: «De hoy en adelante vas a tener muchas personas a tu alrededor. Tratarán de rodearte de un muro y alejarte de cualquier idea que no sea de ellos. Te dirán qué eres un gran hombre, Harry. Pero tú y yo sabemos que no lo eres». Rayburn estaba haciendo que el presidente Truman tuviera responsabilidad.

DÉLES LAS HERRAMIENTAS QUE NECESITAN

Dar responsabilidad sin recursos es algo ridículo e increíblemente limitante. Abraham Maslow dijo: «Si la única herramienta que tienes es un martillo, tenderás a ver todos los problemas como un clavo». Si queremos que nuestro personal sea flexible y creativo, debemos proveerle recursos.

Obviamente, las herramientas básicas son equipos tales como copiadoras, computadoras y todo lo que simplifique el trabajo. Debemos asegurarnos no sólo de proveer todo lo necesario para que se ejecute el trabajo, sino también el equipo que permita que las labores, en especial las prioridades «B», se hagan más rápida y eficazmente. Trabaje siempre en base a liberar el tiempo de su personal para lo que tenga verdadera importancia.

No obstante, las herramientas incluyen mucho más que el equipo. Es importante proporcionar herramientas de desarrollo. Invierta tiempo guiando a las personas en áreas específicas de necesidad. Sea generoso en gastar dinero en libros, casetes, seminarios y congresos profesionales. Allí hay riqueza de buena información e ideas frescas que pueden estimular el crecimiento de una organización. Sea creativo al suministrar herramientas. Esto mantendrá a su personal en crecimiento y los equipará para ejecutar bien el trabajo.

ANALÍCELOS SISTEMÁTICAMENTE

Creo en el contacto frecuente con las personas. Me gusta dar minievaluaciones todo el tiempo. Los líderes que esperan dar respuestas sólo durante las evaluaciones anuales, se buscan problemas. Las personas necesitan el entusiasmo que les da el saber regularmente que lo están haciendo bien. También necesitan oír lo más pronto posible cuando no lo están haciendo bien. Esto previene gran cantidad de problemas en la organización y mejora al líder.

Factores que determinan el seguimiento

Una serie de factores determinan cuán a menudo controlo a mi personal:

La importancia de la tarea

Cuando algo es esencial para el éxito de la organización me baso en ellos con frecuencia.

Las exigencias del trabajo

Me doy cuenta de que quien ejecuta un trabajo muy exigente necesita estímulo con más frecuencia. Tal vez precisa respuestas a sus interrogantes o ayuda para solucionar problemas difíciles. En ocasiones, cuando el trabajo es realmente difícil, le digo al que lo hace que se tome un descanso; el trabajo exigente puede «quemar» a una persona.

Lo nuevo del trabajo

Algunos líderes no tienen problemas al enfrentarse a una nueva tarea, no importa cuán diferente sea a su trabajo anterior. Otros tienen mucha dificultad en adaptarse. Controlo a menudo a quienes son menos flexibles o creativos.

Lo nuevo del trabajador

Deseo dar a los líderes toda posible oportunidad de triunfar. Por lo tanto, vigilo con más frecuencia a la gente nueva. Así puedo ayudarlos a anticipar problemas y asegurarme de que tienen triunfos en serie. De esta manera ganan confianza.

La responsabilidad del trabajador

Cuando sé que puedo dar una tarea a una persona y que siempre la ejecuta, quizás no la controle hasta que la labor finalice. Con personal menos responsable no podría hacerlo.

Para incluir en el seguimiento

Mi enfoque para controlar a las personas varía también de una a otra. Por ejemplo, los novatos y los veteranos se deben tratar de manera diferente. Sin embargo, no importa cuánto tiempo han estado conmigo, hay algunas cosas que siempre hago:

Discuta los sentimientos

Doy siempre a mi personal la oportunidad de decirme cómo se sienten. También les digo cómo me siento. Esto aclara el ambiente y nos hace poner manos a la obra.

Mida el progreso

Tratamos juntos de determinar su progreso. Con frecuencia hago preguntas para averiguar lo que debo saber. Si el personal está enfrentando obstáculos, soluciono los que puedo.

Evalúe

Esto es de suma importancia en el proceso. Siempre les doy alguna clase de evaluación. Soy honrado y cumplo mis deberes para asegurarme de que soy exacto. Critico constructivamente, lo que les permite saber cómo lo están haciendo, corregir los errores y acelerar el trabajo.

Anime

Si alguien no ejecuta bien su trabajo, siempre lo animo. Doy ánimo a malos trabajadores para que mejoren. Animo también a los mejores trabajadores. Elogio todo acontecimiento. Trato de dar esperanza y ánimo cuando las personas experimentan problemas personales. El ánimo los mantiene en la lucha.

* * *

Aunque no sucede con mucha frecuencia, en ocasiones me encuentro con alguien cuyo progreso es bajo una y otra vez. Cuando sucede, trato de determinar lo que va mal. Por lo general, un bajo rendimiento es el resultado de una de estas tres cosas: (1) desigualdad entre el trabajo y la persona; (2) entrenamiento o liderazgo inadecuado; o (3) deficiencias en quien desarrolla el trabajo. Antes de tomar cualquier acción, siempre trato de determinar cuál es el problema. Pongo en orden los hechos para asegurarme de que es realmente una deficiencia en el rendimiento y no sólo un problema con mi percepción. A continuación defino la deficiencia lo más exacto que me sea posible. Finalmente, chequeo con la persona que falla en su trabajo para tener la otra parte de la historia.

Una vez que he cumplido mis deberes, trato de determinar dónde está la deficiencia. Si es una desigualdad, explico el problema a la persona, la llevo a un cargo de acuerdo a sus capacidades y le reaseguro mi confianza. Si la situación involucra preparación o problemas de liderazgo, retrocedo y rehago cualquier paso que no se haya dado con eficacia. Hecho esto, le hago saber a la persona cuál era el problema y lo lleno de ánimo. Si el problema es con el individuo, me siento con él y se lo comunico. Explico en dónde está su falla y lo que debe hacer para solucionarla. Entonces le doy otra oportunidad. Pero también inicio el proceso de documentación en caso de que tenga que despedirlo. Mi deseo es que tenga éxito, pero no perderé tiempo con él si no hace lo que debe para mejorar.

DIRIJA REUNIONES PERIÓDICAS DE PREPARACIÓN

Continúe dirigiendo reuniones periódicas de preparación aun después de que haya terminado la mayor parte del entrenamiento y esté preparando a su personal para la fase siguiente: el desarrollo. Esto los ayudará a ser constantes y a crecer, así como los animará a empezar a tomar la responsabilidad de preparar.

Cuando preparo una reunión de equipamiento, incluyo lo siguiente:

Buenas noticias

Siempre comienzo con una nota positiva. Reviso lo bueno que pasa en la organización y pongo particular atención a los aspectos de interés y responsabilidad.

Visión

Las personas se pueden ensimismar tanto en sus responsabilidades diarias que pierden la visión que dirige a la organización. Utilice la oportunidad que se presenta en una reunión de preparación para reestructurar esa visión. Esto les dará el contexto adecuado para el entrenamiento que les va a dar.

Contenido

El contenido dependerá de las necesidades de ellos. Trate de enfocar el entrenamiento en aspectos que los ayudarán en las áreas de prioridad «A», y oriéntelo sobre las personas, no sobre la lección.

Administración

Cubra cualquier asunto organizacional que dé a su personal un sentido de seguridad y los entusiasme en su liderazgo.

Concesión de poder

Tómese tiempo para conectarse con las personas de su equipo. Anímelos personalmente. Muéstreles cómo la reunión de preparación les concede poderes para efectuar mejor su trabajo. Dejarán la reunión sintiéndose positivos y listos para trabajar.

* * *

El proceso total de preparación se lleva gran cantidad de tiempo y atención. Exige del líder más tiempo y dedicación que el simple entrenamiento. Pero su enfoque es a largo plazo. Más que crear seguidores o agregar nuevos líderes, multiplica a los líderes. Así como expliqué en la sección sobre el proceso de cinco pasos de preparación, este no se completa hasta que el preparador y el nuevo líder seleccionen a alguien para que este último entrene. Es sólo allí cuando se completa el círculo del proceso de preparación. Sin un sucesor puede que no haya triunfo.

Los líderes que equipan a otros tienen las mayores posibilidades de éxito, sin importar en qué tipo de organización estén. Cuando un líder se dedica al proceso de preparación, crece dramáticamente el nivel total de rendimiento en la organización. Cada quien está mejor preparado para desempeñar sus funciones. Más importante aún, los individuos mejor preparados estarán listos para la etapa final de crecimiento que crea los líderes supremos: el desarrollo. Fred Manske dijo: «El líder supremo está dispuesto a entrenar y desarrollar a las personas hasta el punto que con el tiempo lo sobrepasen en conocimiento y habilidad». El próximo capítulo le mostrará cómo seguir ese paso.

El compromiso del líder para toda la vida:

DESARROLLAR
LÍDERES POTENCIALES

S i usted ha hecho todo lo que he discutido ampliamente en este libro: crear un gran ambiente, cultivar a su personal y equipar a los mejores a su alrededor, sus logros ya han sobrepasado a los de la mayoría de administradores en la fuerza laboral de hoy día. Se puede considerar a sí mismo como un líder mejor que el promedio. Aunque si no continúa adelante nunca se convertirá en un *gran* líder. No importa cuán inteligente o duramente trabaje, nunca será uno de los mejores entre los mejores. ¿Por qué? Porque hasta los mejores líderes, 1% que están en la cumbre, llevan a su gente al paso siguiente y los desarrollan de tal manera que puedan alcanzar su potencial. El crecimiento y desarrollo de los demás es la función máxima del liderazgo.

Probablemente se pregunte por qué la mayoría de los líderes no llevan a cabo este paso final. No lo hacen porque es una labor difícil. Alguna vez escuché la anécdota de un predicador que abandonó el ministerio después de veinte años y se convirtió en un director de honras fúnebres. Cuando pregunté el porqué del cambio, replicó: «La verdad es que invertí tres años tratando de enderezar a Fred, y Fred todavía es

> **El crecimiento y desarrollo del personal es la función más elevada del liderazgo.**

un alcohólico. Pasé seis meses tratando de enderezar el matrimonio de Susan, y esta se divorció. Entonces pasé más de dos
años y medio tratando de enderezar a Bob de su problema con
las drogas, y todavía es un adicto. Pero ahora en la funeraria,
cuando enderezo a alguien... permanece derecho».

Los seres humanos vivos necesitan atención continua; y el
desarrollo es un trabajo exigente. Requiere más atención y
compromiso que cultivar o equipar. Para ver la diferencia entre
las fases de cultivo, preparación y desarrollo, observe el siguiente
cuadro:

Cultivo	*Preparación*	*Desarrollo*
Cuidado	Entrenamiento para el trabajo	Entrenamiento para el crecimiento personal
Se enfoca en la necesidad	Se enfoca en la tarea	Se enfoca en la persona
De relación	De transacción	De transformación
Servicio	Administración	Liderazgo
Mantiene el liderazgo	Añade liderazgo	Multiplica el liderazgo
Establece	Libera	Da poder
Ayuda	Enseña	Guía
Se orienta en la necesidad	Se orienta en la habilidad	Se orienta en el carácter
Lo que ellos quieren	Lo que necesita la organización	Lo que necesitan ellos
Un deseo	Una ciencia	Un arte
Pequeño o ningún crecimiento	Crecimiento a corto plazo	Crecimiento a largo plazo
Todos	Muchos	Pocos

Observe las cualidades que se asocian con el desarrollo de los líderes. Estas se basan en lo que necesitan los líderes potenciales en su crecimiento. El proceso está diseñado para ser construido dentro de ellos, para hacer salir sus mejores cualidades, para desarrollar su carácter y para ayudarlos a descubrir y alcanzar su potencial.

Puesto que el desarrollo de líderes exige tiempo, atención y compromiso, un promotor puede sólo trabajar con pocas personas a la vez, como lo indica la última línea del cuadro. Cultive a todo su personal y prepare a muchos, pero desarrolle sólo unos pocos, los que estén listos y dispuestos.

Existe otra diferencia importante entre la preparación y el desarrollo de individuos. La preparación es en esencia un proceso paso por paso. Para equiparlos, usted puede llevarlos a través de pasos específicos. Es la *ciencia* del equipamiento como se hace notar en el cuadro anterior. El desarrollo de liderazgo es un *arte*. No es una serie de pasos específicos por los que usted guía a su personal. En vez de eso, hay aspectos que se deben dirigir a través del proceso total.

He aquí las doce acciones que un líder debe tomar para desarrollar líderes potenciales hacia lo mejor que pueden ser:

HAGA LAS TRES PREGUNTAS MOTIVACIONALES

Todo crecimiento empieza con motivación. Como promotor usted debe encontrar y aprovechar la motivación en sus líderes potenciales. Comience por hacerse estas preguntas:

¿Qué quieren ellos?

Todo el mundo quiere algo. Aun hasta los que aparentemente no están motivados. Usted debe averiguar lo que quiere su personal. Algunas veces ellos se lo dirán. Otras veces usted tendrá que usar el discernimiento. Puesto que ya tiene buenas relaciones con ellos, utilice la información que ha aprendido durante su interacción personal con ellos. No importa cómo, usted debe averiguar lo que quieren porque así entonces sabrá lo que los motivará al desarrollo.

¿Tienen ellos un medio de conseguir lo que quieren?

Las personas no tienen motivación cuando quieren algo sin ver el medio de lograrlo. Una de sus labores como líderes es determinar cómo sus líderes potenciales pueden lograr lo que desean, y mostrarles una manera de hacerlo. Puesto que ya ha transitado por el camino del éxito, usted puede ver esa manera más claramente y puede ayudarlos a tomar el rumbo. Algunas veces quizás hasta tenga el poder de crear un medio para que ellos logren lo que quieren a nivel personal.

¿Serán recompensados si triunfan?

Algunas veces aun las personas que tienen metas y ven una manera de lograrlas les falta motivación. ¿Por qué? Debido a que no creen que las recompensas valgan el trabajo requerido para lograrlas. Como dirigente, basado en su experiencia, debe explicarles a sus líderes potenciales que las recompensas valen el esfuerzo. Está también en posición de mostrarles cómo sus metas personales y deseos coinciden con las de la organización. Las recompensas se multiplican cuando tanto usted como ellos tienen las mismas metas.

Por ejemplo, si el objetivo de un miembro de su personal es convertirse en un sobresaliente comerciante, esa meta beneficia también a la organización, y esta lo recompensará (en comisiones o salarios). En consecuencia, si esa persona logra su cometido recibirá tanto los beneficios personales como las recompensas económicas de la organización. Estas recompensas se multiplican.

Haga preguntas para encontrar la motivación de sus subalternos y entonces utilícela para ayudarlos a desarrollarse.

SEA UN BUEN OYENTE

Los buenos líderes son buenos oyentes. Escuchar a su gente lo conducirá tanto al logro de su éxito como al desarrollo de ellos.

> **Los buenos líderes son buenos oyentes.**

Cuando escucha sus ideas y opiniones, especialmente antes de tomar decisiones, les da una oportunidad para incrementar su contribución. Cada vez que utilice las ideas de ellos y les dé crédito, se sentirán valorados y estarán animados a mantenerse contribuyendo. Esta es una de las mejores maneras de lograr que comiencen pensando creativamente. También desarrollarán juicio y empezarán a entender las razones por las que usted utiliza algunas de sus ideas y no escoge las de otros. Aprenderán a ver todo con mayor claridad y en función de la gran imagen mental.

> **Toda idea es buena hasta que usted se haya decidido por una mejor.**

El aspecto esencial de este proceso es que usted busca con sinceridad el consejo de ellos y luego escucha activamente y con positivismo sus puntos de vista. Su gente sabrá si usted lo único que hace es cumplir con las formalidades. Asimismo, nunca critique a quien haga una sugerencia aunque esta no sea brillante. Las personas que se sienten menospreciadas pronto dejan de hacer sugerencias, y quizá usted se pierda la próxima idea extraordinaria debido a que los ha desanimado a contribuir. Trate de adoptar esta actitud: Toda idea es buena hasta que usted se haya decidido por una mejor.

DESARROLLE UN PLAN PARA EL CRECIMIENTO PERSONAL

Algo que disfruto enormemente es dictar charlas por todo el país. Me encantan de manera especial los cinco o seis congresos que cada año se auspician a través de nuestra organización INJOY. Uno de los elementos más importantes que resalto en

117

esas conferencias es el crecimiento personal. A menudo lanzo el reto de que alguien del público que haya creado un plan personal de crecimiento suba a hablarme de él durante el descanso. ¿Sabe qué? En todos los años que he venido haciendo esto, nadie se me ha acercado nunca. ¿Por qué? Debido a que nadie ha creado esta clase de plan para sí mismo.

La gente cree que el crecimiento personal es una consecuencia natural de estar vivos. No es así. El crecimiento no es automático; no llega necesariamente con la experiencia o sólo como resultado de recolectar información. El crecimiento personal debe ser intencionado, planificado y constante.

Una de las cosas más importantes que usted puede hacer por las personas que desarrolla, aparte de ser modelo de crecimiento personal, es ayudarlos a llevar a cabo sus propios planes de desarrollo. Quiero hacer notar que el crecimiento requiere un *plan*. Mi amigo Zig Ziglar dice: «Usted nació para ser un ganador, pero para serlo debe tener un plan y prepararse para ganar». Para crecer se aplica lo mismo. Usted tiene que crear y seguir un plan.

He dedicado lo mejor de mi vida a mi propio desarrollo y a la creación de materiales para el desarrollo personal de otros. Mes tras mes en los últimos nueve años he creado casetes sobre desarrollo del liderazgo y los he enviado a través de INJOY a todo el país, puesto que mi más grande anhelo es ayudar a otros a alcanzar su potencial. Por esto es que dicto conferencias sobre liderazgo. Permítame esbozar el plan de crecimiento que explico en esas conferencias. Ayude a su personal a adaptarlo a sus necesidades, y úselo para usted mismo si aún no tiene otro plan.

PASOS PRÁCTICOS PARA EL CRECIMIENTO PERSONAL

Saque diariamente tiempo para crecer

En este paso existen dos conceptos importantes. Primero, el tiempo de crecimiento se debe *planificar*. Desviarse del propósito es lo más fácil de hacer en el mundo. El tiempo de crecimiento que no se planifique estratégicamente dentro del día pronto desaparecerá debido a que nuestras vidas son ajetreadas. Las personas deben encontrar tiempo para trabajar en ellas y programarlo en sus calendarios. Entonces deben respetar ese tiempo como lo harían con cualquier cita. Segundo, debe separar diariamente el tiempo que reserve, al menos durante cinco días a la semana. Los educadores informan que las personas aprenden más en las sesiones cortas y regulares que en las largas y poco frecuentes. Una disciplina diaria rinde mayores dividendos.

He aquí el plan diario que recomiendo en mis charlas:

Lunes: Una hora con Dios

Martes: Una hora escuchando un casete de liderazgo

Miércoles: Otra hora con el mismo casete (se incluye el tiempo de hacer anotaciones, resaltar citas y reflexionar en lo que he aprendido)

Jueves: Una hora leyendo un libro sobre liderazgo

Viernes: Otra hora con el mismo libro (se incluye el tiempo de hacer anotaciones, resaltar citas y reflexionar en lo que he aprendido)

Juntamente con el plan diario también recomiendo revisar los materiales durante el tiempo que los demás consideran perdido. Por ejemplo, cuando viajo llevo conmigo libros y revistas que quizás no sean tan sustanciosos como mis lecturas diarias, pero que contienen buen material. Cuando espero en un aeropuerto o vuelo en un avión, reviso también el material y recorto útiles artículos y citas.

Clasifique rápidamente lo que aprende

Cada buena información que alguien encuentra se debe procesar y clasificar. He usado este sistema durante más de treinta años. Cuando leo buenos artículos o citas, los recorto y clasifico. Esto tiene dos ventajas. Primera, si necesito material para una charla o seminario, tengo treinta años de recursos coleccionados para usar. Segunda, cada vez que resumo un artículo en su frase o párrafo más relevante, he procesado, digerido, resumido y aprendido toda la información.

Aplique rápidamente lo que aprende

El sólo saber algo no lo hace parte de usted. Para lograr esto debe aplicarlo. Es recomendable que se pregunte cada vez que aprenda algo nuevo: «¿Dónde, cómo y cuándo puedo utilizar esto?» Prefiero hacer algo más que una conexión mental con lo que aprendo, así que uso este sistema:

- Semanalmente selecciono algo que he aprendido.
- Lo escribo en una tarjeta 3 X 5 (la mantengo frente a mí durante una semana).
- Hablo de eso con mi esposa.
- Hablo de eso con alguien más en las veinticuatro horas siguientes.
- Lo enseño a otros (lo coloco como lección).

Crezca con alguien

Tengo gran cantidad de personas a mi alrededor que me hablan de sus asuntos y a quienes deliberadamente hablo de los míos. Su visión se incrementa cuando comenta con otros lo que aprende, la relación con ellos se cultiva, se obtiene una visión colectiva y se mantiene su propia responsabilidad. Crea también una conversación que vale la pena.

Planifique su crecimiento y sígalo por un año

El plan de cinco días que tracé con anterioridad fue designado para seguirlo por un año. Al cabo de ese año usted fácilmente habrá leído doce libros y escuchado cincuenta y dos casetes, lo que le dará grandes recursos para utilizar y ya habrá crecido enormemente. Si quiere volverse un experto en un tema, de acuerdo con Earl Nightengale, invierta una hora diaria durante cinco años concentrado en ese tema.

Debo decir algo más acerca del desarrollo de un plan para el crecimiento de su personal: ¡Inícielo hoy! Tal vez los demás le dirán que están demasiado viejos para empezar ahora, que están demasiado ocupados o que no es el momento adecuado. El crecimiento personal es como una inversión; no es cuestión de oportunidad sino de tiempo. Consiga que comiencen ahora.

> El crecimiento personal es como una inversión; no es cuestión de oportunidad sino de tiempo.

MANTENGA UN CONSTANTE CRECIMIENTO

Vivimos en una sociedad competitiva que se enfoca en llegar. Los jugadores de béisbol viven para el día en que lleguen a las grandes ligas. Los hombres de negocios trepan los escalones de la corporación con la esperanza de algún día llegar a ser directores en jefe o presidentes de la junta de directores. Pocos de los negocios que utilizan las técnicas de multinivel proponen la idea de que si una persona construye una organización suficientemente grande, se puede sentar a descansar y dejar que otros hagan el trabajo. El individuo se mantendrá persistiendo y hasta llegará. Pero la idea de llegar es una ilusión. Nuestra sociedad está repleta de personas que llegaron a alguna parte sólo para encontrarse a sí mismos tan insatisfechos como lo eran antes de triunfar. El objetivo del viaje no es llegar. Es lo que usted ha aprendido y a quién ha convertido a lo largo del camino. Tener metas es positivo. Pensar que nuestro viaje ha concluido al lograr algunas de ellas es un peligro que todos enfrentamos.

John Wooden, uno de los entrenadores de básketbol de más éxito en todos los tiempos, se concentraba en el proceso de crecimiento. En *Six Timeless Marketing Blunders* [Seis eternos disparates de mercadeo], William L. Shanklin habla acerca de la técnica de Wooden para entrenar. Narra que mientras Wooden entrenaba a Los Ángeles no presionaba por ganar. Hacía énfasis en la preparación, en el trabajo de equipo, en la buena voluntad para cambiar y en el deseo de que cada persona diera de sí lo mejor. Su enfoque estaba en el proceso, no en el resultado.

Lo mismo se aplica a la industria. Escuché a un técnico en control de calidad cuando decía: «En el control de calidad no estamos preocupados por el producto. Nos interesamos en el proceso. Si este es el adecuado, el producto estará garantizado». Lo mismo se puede decir en relación con el crecimiento personal.

Como promotores en el desarrollo de líderes debemos mantener en crecimiento a nuestros subalternos. Debemos ser modelos de crecimiento, entusiasmarlos y recompensarlos. Debemos mostrarles cómo mantenerse creciendo en todo momento. Ellos van a ser como árboles que se mantienen en crecimiento toda la vida. No existe un árbol totalmente desarrollado. Un árbol muere el día que detiene su crecimiento.

UTILICE EL PROCESO DE ADAPTACIÓN DE CUATRO ETAPAS

A la mayoría de las personas le lleva tiempo adaptarse a nuevas ideas y a nuevas situaciones. Generalmente tienen que pasar por cuatro etapas antes de hacer suyos los nuevos conceptos. He descubierto que por lo general aceptan este orden de elementos:

Visual

La mayoría de los individuos son visuales. Comúnmente tienen que ver algo nuevo para poder entenderlo.

Emocional

Responden emocionalmente después de ver algo nuevo. Deles tiempo de trabajar con sus emociones antes de pasar a la fase siguiente.

Experimental

Una vez que hayan comprendido y aceptado emocionalmente algo, están listos para intentarlo. La experiencia los capacita para llegar a la fase final.

De convicción

Después de ver y aceptar emocionalmente algo, y de tener la experiencia positiva, se vuelve parte real de su pensamiento, de su sistema de creencias.

Si usted está consciente de estas fases podrá dirigir el desarrollo de su personal sin muchas trabas.

DESARROLLE LA IDEA

Incluso aunque esté ayudando a su gente a crear un plan de crecimiento personal y entusiasmándolos a crecer lo más que puedan, también tendrá que enseñarse usted mismo. Lo ideal es que les participe lo que ha aprendido en su propio desarrollo. Continúo haciendo esto en mi organización. El mejor método que he encontrado se representa en el siguiente acróstico:

I *nstrucción*
D *emostración*
E *xposición*
A *utoconfianza*

En primer lugar instruyo a mi personal en un contexto de relación de vida. Cualquier teoría o concepto que no se pueda aplicar a la vida real es inútil. Además, si no se puede aplicar a la vida real no seré capaz de demostrarlo, que es el paso siguiente. Al poderse aplicar a la vida y demostrarse cualquier idea que presento ante otros, seré capaz de probarla, seré más capaz de aprenderla y estaré mejor calificado para enseñarla. Luego expongo a mi gente a la experiencia. Una vez que la han oído y visto, estarán listos para intentarla por sí mismos. Finalmente me aseguro de que haya en ellos autoconfianza, ya sea para conmigo o entre sí. Si no les permite cierta clase de confiabilidad, pueden pensar que las ideas son grandiosas, pero quizás olviden ponerlas en práctica. Cuando los individuos obtienen la confianza de usarlas, las ideas se convierten en parte de ellos.

OFREZCA EXPERIENCIAS VARIADAS

La gente se resiste al cambio. Si se le da a escoger entre algo sencillo y fácil que han hecho antes y la oportunidad de hacer algo diferente y nuevo, la mayoría optaría por seguir la ruta segura y sencilla. Como líderes no podemos permitir a nuestra gente que se vuelvan complacientes.

La variedad de experiencias enriquecen increíblemente el desarrollo de las personas. Los mantiene creciendo, ampliándose y aprendiendo. Mientras más extensa sea la base de experiencia, mejor se comportarán ante los nuevos cambios y ante la solución de problemas y situaciones difíciles. En mi organización tenemos una regla para tres años. Nuestros líderes deben cambiar una gran parte de sus principales deberes y responsabilidades cada tres años. Esto los obliga a adquirir nuevas habilidades. Brinda a los más nuevos la oportunidad de desarrollarse al tener nuevas áreas de responsabilidad. Permite también a los líderes experimentados enfrentar nuevos retos. Además, realza la creatividad de todos.

A menudo nos tienta la idea de dejar donde están a nuestros individuos de éxito, es decir mantenerlos en sus mismos cargos. Pero debemos recordar que nuestra misión va más allá de lograr que el trabajo se haga bien. Somos constructores de líderes, y para eso se necesita tiempo y esfuerzo extras. Angus J. MacQueen cuenta una anécdota de James Garfield que ilustra este asunto. Dice que Garfield era rector de la Universidad Hiram de Chicago antes de convertirse en presidente de los Estados Unidos. Cuando un padre de familia pidió que se simplificara el curso de estudios con el fin de que su hijo pudiera graduarse más pronto, Garfield respondió: «Desde luego, pero todo depende de lo que usted quiera hacer de su hijo. Cuando Dios quiere hacer un roble, le toma cien años. Cuando quiere hacer una calabaza le lleva sólo dos meses». Dé a sus líderes profundas y amplias raíces al hacerlos crecer lentamente y variando sus experiencias.

LUCHE POR LA EXCELENCIA

Vince Lombardi, un gran líder y uno de los mejores entrenadores de fútbol americano, dijo: «La calidad de vida de una persona está en proporción directa con su compromiso de excelencia, sin considerar el campo de empeño que haya elegido». Lombardi reconocía la importancia de luchar en busca de la excelencia. Él fue capaz de inculcar ese deseo en las personas que entrenó.

Cuando lucha por la excelencia, usted empuja a su personal a poner la mira en la cima. Cuando la meta de un líder es aceptabilidad en vez de excelencia, los mejores de su organización producirán lo simplemente aceptable. El resto quizá ni siquiera producirán lo mínimo. Cuando la norma es buscar la excelencia, los mejores darán en el blanco y los demás a lo menos darán en el tablero.

Otra ventaja de concentrarse en la excelencia es que muestra el carácter de su personal. El éxito de una organización no se alcanzará más allá del carácter de sus líderes. La excelencia engendra carácter y este engendra excelencia. Exija excelencia de su gente y ellos se desarrollarán como personas que a su vez exigen excelencia de sí mismos y de los que dirigen.

> **La excelencia engendra carácter y el carácter engendra excelencia.**

IMPLEMENTE LA LEY DEL EFECTO

El sicólogo en educación E.L. Thorndyke trabajó en la modificación de la conducta al concluir el siglo. Lo llevó a descubrir lo que denominó la Ley del Efecto, que se simplifica de esta manera: «Las conductas recompensadas de inmediato se incrementan en frecuencia; las conductas castigadas de inmediato decrecen en frecuencia».

Nos debemos preguntar qué se premia en nuestras organizaciones. ¿Recompensamos el crecimiento personal y el desarrollo? Si así es, nuestra gente estará creciendo.

Hace algunos años desarrollé una lista de conductas y cualidades que espero del personal de mi organización, y decidí recompensar esas conductas. Lo llamo el programa RIEP:

R *ecompensas*
I *indicadoras de las*
E *xpectativas del*
P *ersonal*

En otras palabras, decidí premiar a los miembros del personal para señalar que estaban cumpliendo o excediendo las expectativas. Las cualidades que valoro y recompenso más ampliamente son: actitud positiva, lealtad, crecimiento personal, reproducción de liderazgo y creatividad. Sepa usted que el crecimiento personal está en la lista. Deseo animarlo a decidir lo que valora y determine premiarlo en su gente, y ponga el crecimiento personal en su lista. Descubrirá que cuando haya instalado un sistema de recompensas positivas por el logro de metas adecuadas, sus empleados se convertirán en sus mejores administradores y se desarrollarán como líderes.

TENGA MUCHO CUIDADO AL CONFRONTAR

Premiar lo positivo exige esfuerzo, pero es muy fácil de hacer. Confrontar las conductas negativas es más difícil. Muchas personas evitan el confrontamiento. Algunos temen ser antipáticos y rechazados. Otros temen que la confrontación empeore las cosas al crear ira y resentimiento en quien confrontan. No obstante, cuando la conducta de una persona es inadecuada, *evitar la confrontación siempre empeora la situación*. Primero, la organización sufre porque el individuo no actúa de acuerdo a los mejores intereses de ella. Segundo, usted se afecta debido a que la deficiencia del individuo reduce su eficacia. Finalmente, cuando un sujeto que actúa de manera inadecuada no se le llama la atención, se le quita una gran oportunidad de aprender y crecer en su proceso de desarrollo. Cada vez que un líder evita una confrontación debería preguntarse si lo hace por su propio bien o por el de la organización. Si es por sí mismo, actúa bajo motivos egoístas.

En su mejor forma, la confrontación es una situación de ganador a ganador. Nos hemos condicionado a creer que un conflicto produce siempre un ganador y un perdedor. Pero eso no tiene que ser cierto. Para producir la situación de ganador a ganador debemos encarar la confrontación con la actitud adecuada. Piense en ella como una oportunidad de ayudar y desarrollar a su personal. Nunca confronte en estado de enojo o sin deseos de mostrar poder. Hágalo con respeto y con los mejores intereses de la otra persona en su corazón. He aquí diez pautas que utilizo para asegurarme de que soy justo al hacerlo:

Enfréntese en cuanto pueda

Mientras más tarde, menos me gusta hacer lo que debo. Otro beneficio de encarar de inmediato es que no me gusta discutir con la persona acerca de los detalles.

Separe la persona de la acción errónea

Me dirijo a la acción y la confronto, no a la persona. Debo continuar apoyando y animando al individuo.

Confronte sólo cuando la persona pueda cambiar

Si le pido a alguien que cambie algo que no puede cambiar se frustrará, lo que presionará nuestra relación.

Bríndele el beneficio de la duda

Trato siempre de empezar suponiendo que los motivos de las personas son buenos, y trabajo a partir de allí. Si puedo dar el beneficio de la duda lo hago, especialmente en áreas poco claras o abiertas a la interpretación.

Sea específico

Quien estoy confrontando puede dirigir y cambiar sólo lo que se le identifica de manera específica. Si usted no puede ser específico tal vez suponga erróneamente.

Evite el sarcasmo

El sarcasmo indica ira contra los demás, no contra sus acciones. Cuando confronto evito el sarcasmo.

Evite palabras como *siempre* y *nunca*

Cuando le digo a una persona que nunca tenga cierta conducta, le estoy pidiendo que se aferre ciegamente a una regla, aun en situaciones en que no es lo mejor para hacer. Basado en principios correctos, prefiero animarla a reflexionar y tomar el debido curso de acción en cualquier situación dada.

Diga a la persona cómo se siente acerca de lo que hizo mal

Si las acciones del individuo me han ofendido, se lo digo allí mismo y de inmediato. No quiero tener después que recordar malos momentos para dar rienda suelta a las emociones.

Dé a la persona un plan de acción para solucionar el problema

Quiero siempre ayudar a que la persona tenga éxito, no fracaso. Todos ganamos si le puedo ayudar a solucionar el problema.

Ratifique al individuo como persona y amigo

Me preparo para confrontar de la misma manera en que hago un sándwich: Pongo la confrontación en la mitad, igual que la carne. En uno y otro lado coloco ratificación y ánimo.

La confrontación positiva es una señal segura de que alguien le importa y que en el fondo le interesa al máximo. Cada vez que edifique su gente e identifique sus problemas, les da una oportunidad de crecer.

> **La confrontación positiva es una señal segura de que alguien le importa.**

TOME DECISIONES DIFÍCILES

En el capítulo dos señalé que los líderes deben estar dispuestos a tomar decisiones difíciles para crear un clima que anime el desarrollo. Algunas de estas decisiones se relacionan con dejar que los empleados se vayan. Pero también hay que tomar decisiones difíciles en el proceso de desarrollo de sus líderes.

Las personas responden de manera diferente al desarrollo, y por experiencia personal he descubierto que cada ser que crece se estanca en uno de los seis niveles de desarrollo:

Nivel 1. Algún crecimiento

Algunos experimentan crecimiento a muy bajo ritmo y sin dirección. Estos mejoran casi imperceptiblemente. Tal vez sean competentes, pero nunca brillan en sus cargos.

Nivel 2. Crecimiento que los capacita para su trabajo

Muchos creen erróneamente que la meta final de su desarrollo es sólo hacer bien su trabajo. No lo es. Muchos que no tienen un buen promotor o un firme deseo de crecimiento personal detienen su proceso de desarrollo en este punto.

Nivel 3. Crecimiento que los capacita para reproducirse en su trabajo

Las personas que se encuentran en este nivel de crecimiento empiezan a ampliar su valor porque están capacitados para entrenar a otros en su área de pericia. Esto también lo pueden hacer algunos que son técnicamente fuertes pero que no tienen habilidades de liderazgo. Otros con grandes habilidades de liderazgo pueden hacerlo a pesar de su falta de capacidades técnicas. Quienes son fuertes en ambas áreas a menudo se mueven al siguiente nivel.

Nivel 4. Crecimiento que los lleva a un nivel más alto en el trabajo

El salto del nivel 3 al 4 es difícil. Requiere que las personas estén dispuestas a dedicarse a crecer tanto personal como profesionalmente. Mientras amplían su pensamiento y experiencia se vuelven más capaces y valiosos para su organización y sus líderes.

Nivel 5. Crecimiento que les permite llevar a otros a un nivel más elevado

En este nivel empiezan a emerge los grandes líderes. Estos individuos son verdaderos promotores de personas, y en poco tiempo amplían el valor de sus líderes y organizaciones, es más, los *multiplican*.

Nivel 6. Crecimiento que los lleva a poder efectuar cualquier trabajo

Quienes se desarrollan hasta este nivel son escasos. Si usted tiene el privilegio de ayudar a su gente hasta este nivel, trátelos con el más grande amor y respeto. Estos líderes podrían triunfar en cualquier parte. Tienen habilidades y fuerzas que trascienden cualquier campo particular o industrial. Si a través de toda su vida Dios lo bendice con una o más de estas personas, juntos tendrán la habilidad de crear un impacto más allá de sus propias capacidades.

Observe la figura que sigue. Como puede ver, la sección de personas de cada nivel se representa por un círculo. Mientras más elevado el nivel, menor cantidad de personas en él. Notará también que cada salto sucesivo se vuelve más difícil a medida que se eleva el nivel. Cada uno exige más compromiso, dedicación y tenacidad que el anterior.

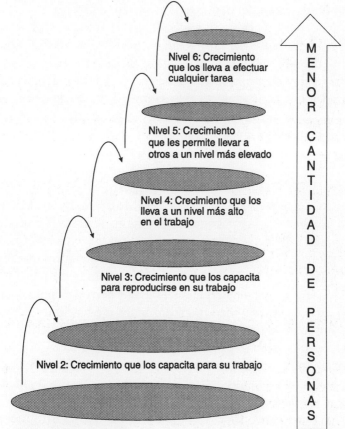

Secciones de personas en cada nivel de crecimiento

La razón por la que escribo acerca de las decisiones difíciles es que usted tendrá que tomar algunas relacionadas con cada persona que desarrolle, a excepción de las que alcancen el nivel 6. Cuando usted es un promotor de líderes potenciales conoce a cada de ellos en el nivel en que están, generalmente en el 1, entonces inicia un viaje. Su trabajo es caminar con ese individuo y ayudarlo a medida que desee mantenerse creciendo. Cuando este crecimiento se detiene, es el momento en que usted tiene que hacer algo difícil: abandonarlo. La relación con él puede continuar, mas no el desarrollo que usted le proveía.

Esta es una de las dificultades de ser un promotor. Damos a las personas tanto tiempo, atención y amor que nos sentimos como el que abandona a un hijo. Sin embargo, usted no puede forzar a alguien a mantenerse en crecimiento hasta el nivel más elevado. Usted tiene que tomar la dura decisión de dejarlo en su estancamiento. Es difícil, pero es el precio que debe pagar como promotor de personas.

SEA PERSONALMENTE SEGURO

Para llegar a ser un gran promotor de líderes usted debe ser una persona segura, porque llevar a su gente hasta la altura de su potencial puede significar incluso que lo superen. Como mencioné en el capítulo uno, Andrew Carnegie quiso que se le recordara como «un hombre tan sabio que estuvo rodeado de personas que sabían más que él». Sólo una persona segura puede enfrentar esa posibilidad, pero sin tener ese modo de pensar, usted quizás compita con su gente en vez de desarrollarla.

Mientras usted se prepara a dirigir y desarrollar a quienes le rodean, me gustaría que recordara algo que dijo Harvey Firestone: «Es sólo cuando desarrollamos a otros que nos mantenemos en el éxito». Todos los reconocimientos que recibimos en la vida pueden olvidarse. Los monumentos que construimos se derrumbarán. Los trofeos se corroerán. Pero lo que hacemos por otros será un impacto eterno en nuestro mundo.

CAPÍTULO SIETE

La más elevada compensación de un líder:

FORMAR EL MEJOR EQUIPO DE LÍDERES

Cualquiera que haya estado en un equipo, desde jugador profesional hasta miembro de la banda del colegio, sabe que pertenecer a un equipo triunfante puede ser una de las mejores experiencias de la vida; y si está en el equipo adecuado, puede ser una de las más poderosas.

Primero, ¿qué es exactamente un equipo? Sabemos que es más que un simple grupo de personas. Si eso fuera todo, entonces la gente que estaría esperando en una estación del metro sería un equipo, pero no lo es. Debo agregar que para ser un equipo, el grupo necesita tener una *meta común*, aunque eso no es suficiente. Nuestro grupo de la estación del metro tiene la meta común de esperar el tren que los llevará a cualquier parte. Aun si tuvieran el mismo destino, ayudaría, pero no sería suficiente para convertirlos en equipo. Allí debe haber *cooperación*, sin embargo, una vez más, eso no completa el cuadro total. Agregue *comunicación*; no existe un equipo sin comunicación. Pero el equipo también debe tener *compromiso*. Esto asegura que el grupo trabajará junto sin importar que surjan circunstancias adversas.

Volvamos a nuestras personas de la estación del metro para ver cómo un grupo corriente puede actuar de manera parecida a un equipo. Es un caluroso día de verano con mucha humedad.

En el grupo hay comerciantes bien trajeados, madres con bebés y niños en cochecitos, obreros de construcción y algunos desamparados. Finalmente, un tren repleto de gente llega a la estación. Cuando todos ven que los vagones están llenos, se mueven a toda prisa. Cada uno corre para subir. Una mujer con un cochecito hace lo que puede para llevar a sus cuatro hijos a la puerta de uno de los vagones, pero no encuentra suficiente espacio para acomodar a toda la familia. Cuando quiere intentar en otro vagón, las puertas se cierran y el tren arranca. Ahora tendrá que esperar treinta minutos por el próximo tren.

El mismo tren llega a la siguiente estación. Allí hay un grupo de doce jugadores escolares que se dirigen con su entrenador al estadio. Cuando ven cuán lleno está el tren, también se mueven a toda prisa.

—¡Revisaré el primer vagón para ver si hay espacio! —grita uno de los jugadores.

—¡Me encargaré del último! —dice otro.

El entrenador mantiene abierta la puerta del vagón de la mitad porque sabe que el tren no puede arrancar mientras haya una puerta abierta.

—¡Aquí hay espacio! —grita el jugador que fue al último vagón mientras mantiene abierta la puerta.

Otro jugador se dirige a buscar al que fue al primer vagón. Cuando están juntos en el último vagón, el entrenador los cuenta para asegurarse de que están todos.

Siendo tan importante el trabajo en equipo y tan poderoso para el éxito de una organización, muchos líderes sin embargo no enseñan a su gente cómo trabajar en conjunto. El consejero administrativo Kenneth Blanchard observó:

> Cuando trabajo con empresas por todo el país, a menudo pregunto a los empleados qué porcentaje de su tiempo invierten en grupos. Aunque los administradores informan que entre sesenta y noventa por ciento de su tiempo se emplea en actividades de grupos, también dicen que tienen

muy poco o ningún entrenamiento en las habilidades necesarias para trabajar con eficacia en grupos. Sé de muy pocas compañías que se concentran en el entrenamiento de esas importantes habilidades.

Muchos líderes piensan que la edificación de un equipo y el desarrollo del trabajo en conjunto es sólo para los deportes. No se dan cuenta de que pueden construir un equipo dentro de su organización. Tampoco tienen idea alguna de cómo plantear la tarea.

Desarrollar líderes es maravilloso: es satisfactorio y gratificante. Pero desarrollar un equipo de líderes es increíble. Un buen equipo es siempre más grande que la suma de sus partes, pero un equipo de *líderes* incrementa su eficacia de manera exponencial. Con líderes adecuados juntos en un equipo no existe nada que no se pueda lograr. Cualquiera que desarrolle líderes también los puede desarrollar como un equipo. Esta es la última labor de desarrollo que da paso a la más elevada compensación.

CUALIDADES DE UN EQUIPO IDEAL

He encontrado en todos mis años de desarrollo y edificación de equipos que todos los de éxito presentan algunas características comunes. Si usted como líder o entrenador del equipo puede cultivar esas cualidades en su grupo de líderes, estos se volverán un equipo unido capaz de saltar enormes rascacielos o desempeñar cualquier otra labor que les exija. He aquí esas características:

LOS MIEMBROS DEL EQUIPO SE PROTEGEN ENTRE SÍ

Esta cualidad es el inicio de todos los equipos grandiosos. Es la base sobre la cual se construye todo lo demás. No se pueden construir equipos sin vinculación. ¿Por qué? Porque nunca llegarán a tener unidad.

Lou Holtz, entrenador de fútbol de Notre Dame, me dio una de las mejores descripciones de esta cualidad. Dijo que en cierta ocasión vio un programa de televisión en el que se analizaba por qué los hombres morían por su país. En el programa, que examinaba a los marines de los Estados Unidos, a la legión extranjera de Francia y a los comandos británicos, se hacía notar que los hombres morían por su país debido al amor que tenían por sus compatriotas. Allí mismo se entrevistó a un soldado que había sido herido en combate y que se recuperaba en un hospital cuando escuchó que su unidad regresaba a efectuar una misión peligrosa. Escapó del hospital y se fue con su gente sólo para que lo hirieran de nuevo. Cuando le preguntaron por qué lo había hecho, dijo que después que se convive con las personas pronto se aprende que la supervivencia depende de ambos.

> No se pueden construir equipos sin vinculación.

Para que un equipo tenga éxito, sus miembros deben saber que se protegen mutuamente. El equipo entero sufre cuando a un miembro no le importa nadie más que él mismo. Las personas indiferentes en un equipo me recuerdan la historia que leí acerca de un par de náufragos que se encontraba sin moverse en un extremo de un bote salvavidas. Cuando miraron con atención, notaron que las personas del otro extremo estaban achicando frenéticamente. Uno de los hombres dijo al otro: «Gracias a Dios que el hueco no está en *nuestro* lado».

He notado que una de las mejores maneras de lograr que los miembros de un equipo se interesen entre sí es construyendo relaciones entre ellos al reunirlos fuera del contexto de trabajo. Cada año planeamos en nuestra organización retiros y otras actividades que colocan a nuestro personal en un ambiente social. Durante esos momentos también nos aseguramos de que pasen parte de su tiempo con otros miembros del personal que no conocen muy bien. De ese modo no sólo construimos relaciones sino que les evitamos que desarrollen círculos entre ellos.

LOS MIEMBROS DEL EQUIPO SABEN QUÉ ES IMPORTANTE

Algo que disfruto mucho de la experiencia de equipo es cómo este funciona como una sencilla unidad. Todas sus partes tienen una meta y propósito común. Esta cualidad se desarrolla al asegurar que cada miembro sabe qué es importante para el equipo. Al igual que la anterior, esta cualidad es fundamental para la edificación del equipo. Sin ella los miembros no pueden trabajar unidos.

En un deporte como el baloncesto, los jugadores reconocen la importancia de anotar. Cuando un equipo es más eficaz en anotar que el adversario, gana. Puesto que los miembros del equipo saben esto, invierten tiempo en mejorar y perfeccionar su habilidad de anotar. En eso se concentran. Por el contrario, en muchos ambientes organizacionales, los miembros del equipo no saben lo que significa «anotar». Tienen una lista de deberes, pero no saben cómo esos deberes van unidos para hacer una anotación. Sería como el jugador de baloncesto que sabe cómo hacer una rutina, rebotar, pasar o devolver una pelota, pero que nunca supo que todas esas habilidades se usaban juntas para anotar. Sin ese conocimiento, cada vez que un jugador con buen manejo de la pelota la agarrara, podría hacerla rebotar hasta que se venciera el tiempo de lanzar. El jugador podría ser el mejor rebotador del mundo, y su manejo del balón haría disfrutar enormemente a los espectadores. Pero el equipo fallaría en anotar cada vez que este jugador tomara el balón, y nunca ganaría un partido. Por otra parte, si él supiera que rebotar es sólo una herramienta que usa un jugador para que el equipo anote, entonces su actitud, acciones y eficacia cambiarían dramáticamente. Todo el éxito del equipo seguiría la estela de esos cambios.

Usted puede ver lo que sucede si sólo un jugador de un equipo de baloncesto no conoce lo que para el equipo es importante: lo hace ineficaz. Es imposible para el equipo ganar cuando él está en juego. Lo mismo se aplica en una organización. Cualquiera que no conozca lo que es importante para el equipo no sólo falla en colaborar con este, sino que en realidad *impide al equipo que obtenga el éxito*. Por eso es muy importante para el líder del equipo identificar qué es importante para este y comunicar esa información a todos los miembros.

LOS MIEMBROS DEL EQUIPO SE COMUNICAN ENTRE SÍ

La tercera cualidad fundamental de un equipo eficaz es la comunicación. Así como tienen importancia para el líder comunicar lo que para el equipo es importante, los miembros individuales se deben comunicar entre sí. Sin esto, es probable que los jugadores trabajen unos contra otros; muchas tareas importantes se podrían dejar de hacer y se duplicaría el trabajo de los miembros del equipo.

Cualquiera que haya jugado baloncesto está familiarizado con la situación en la que dos jugadores saltan por un rebote y luchan entre sí por la pelota, solo para darse cuenta de que pertenecen al mismo equipo. En equipos donde los jugadores se comunican entre sí, un tercer jugador grita: «¡Mismo equipo!» para asegurarse que no perderán el balón mientras tratan de quitárselo uno al otro. Eso es lo que significa la comunicación en el equipo: permitir que cada uno sepa qué pasa para proteger los mejores intereses del equipo.

Lo mismo se puede aplicar a las organizaciones no deportivas. Se deben establecer medios claros y formales de comunicación. Pero aun más importante, se debe establecer una atmósfera de comunicación positiva e incrementarla día a día. Se debe hacer sentir a los miembros del equipo que están en un ambiente seguro para ofrecer sugerencias o críticas sin que se sientan amenazados, para intercambiar información con espíritu de colaboración y para discutir ideas sin ser criticados negativamente. La comunicación franca entre compañeros de trabajo incrementa la productividad.

LOS MIEMBROS DEL EQUIPO CRECEN JUNTOS

Una vez que los miembros del equipo se cuidan entre sí, tienen un propósito común y se comunican entre sí, están listos para empezar su crecimiento. Este crecimiento de equipo es muy parecido al que ocurre dentro del matrimonio: es importante y necesario. El equipo y los miembros individuales no mejoran sin él. Pero al igual que el matrimonio, el crecimiento debe incluir experiencias compartidas y períodos de comunicación, así que los miembros del equipo estén ligados entre sí. Cuando en un matrimonio el crecimiento no es constantemente interactivo, con el tiempo la vida de las dos personas se desarrolla paralela pero toman cursos muy separados. Dejan de funcionar juntos como equipo. Si pasa mucho tiempo, los dos cursos se apartan más y más, hasta que ninguno sabe qué está haciendo el otro. Finalmente no les importa el uno al otro, sus metas se vuelven diferentes y detienen la comunicación. Es probable que su equipo fracase.

En una organización, es responsabilidad del líder organizar el crecimiento de todo el equipo. Debe estar seguro de que su gente crece tanto personal como profesionalmente, y que lo hacen juntos, en equipo.

Cuando trabajo en el crecimiento de los miembros de mi equipo utilizo diferentes enfoques. Primero, todos aprendemos juntos en una base regular, al menos una vez al mes. De esta manera *sé* que hay ciertos elementos que todos en la organización conocen y ellos comparten la experiencia común de aprender juntos estos elementos, sin importar su posición o responsabilidades.

Segundo, preparo regularmente pequeños equipos de aprendizaje. Periódicamente tengo grupos de tres o cuatro trabajando juntos en un proyecto que requiere aprender. Esto establece vínculos de relación entre ellos. A propósito, es una buena idea variar los miembros de esos equipos, para que las diferentes personas aprendan a trabajar juntas. Esto también le da a usted una idea acerca de la química particular de grupos diferentes cuando trabajan juntos.

Finalmente a menudo envío personas diferentes a las conferencias, talleres y seminarios. Cuando regresan les pido que enseñen a otros de la organización lo que aprendieron. De esta manera todos enseñan y aprenden entre sí. Participar de experiencias juntos e intercambiar de la comunicación son los medios máximos de promover el crecimiento del equipo.

EXISTE UN EQUIPO ADECUADO

Los individuos llegan a conocerse mejor a medida que se interesan mutuamente, crecen juntos y trabajan hacia una meta común. Comienzan a apreciar las fuerzas de cada uno y son conscientes de las debilidades mutuas. Empiezan a reconocer y admirar las cualidades únicas de cada jugador. Todo eso conduce al desarrollo de un equipo «adecuado».

La adecuación de un equipo depende de muchos elementos. Es algo más que la manera en que se une un grupo de personas con talentos particulares. Probablemente todos hemos visto equipos constituidos de jugadores talentosos en cada posición, que juntos deberían poder jugar bien pero que no lo hacen. A pesar de sus talentos no tienen la química apropiada.

> **Un buen equipo requiere actitud de compañerismo.**

Un buen equipo requiere actitud de compañerismo. Cada miembro debe respetar a los demás jugadores. Todos deben estar dispuestos a colaborar con el equipo y cada uno debe esperar la colaboración de los demás. Pero sobre todo, deben aprender a confiar unos en otros. La confianza es la que hace posible que dependan entre sí. Les permite compensar las debilidades de los demás en vez de tratar de explotarlas. Capacita a un miembro del equipo a manifestar sin vergüenza o manipulación a otro: «Sigue adelante y haz esta labor porque eres mejor que yo». La confianza hace que los miembros empiecen a trabajar

> La confianza hace que los miembros del equipo empiecen a trabajar en unidad.

en unidad, para empezar a obtener lo que juntos reconocen como importante. La personalidad del equipo comienza cuando los jugadores conocen y confían unos en otros, y desarrollan ese equipo adecuado.

LOS MIEMBROS DEL EQUIPO COLOCAN SUS DERECHOS INDIVIDUALES POR DEBAJO DE LOS INTERESES DEL EQUIPO

Los miembros del equipo estarán en capacidad de demostrar el verdadero trabajo una vez que crean en las metas comunes y empiecen a desarrollar sincera confianza entre sí. Su confianza mutua les hará posible colocar sus derechos y privilegios por debajo de los intereses comunes.

Note que menciono que los miembros del equipo estarán en *capacidad* de demostrar el verdadero trabajo del grupo. Eso no necesariamente significa que lo harán. Deben suceder varias cosas para que se realice un trabajo de equipo. Primero, ellos deben creer de corazón que el valor del éxito colectivo es mayor que sus intereses individuales. Podrán hacerlo sólo si se interesan entre sí y si su líder ha proyectado con eficacia la visión de lo que es importante. Es entonces cuando reconocerán que su éxito depende del éxito colectivo.

> El individualismo gana trofeos, pero el trabajo en equipo gana campeonatos.

Segundo, para que los miembros del equipo coloquen sus derechos individuales por debajo de los mejores intereses del club, el líder y los demás miembros deben estimular y premiar el sacrificio personal. Cuando esto ocurra, los miembros llegarán a identificarse cada vez más con el equipo. En este punto reconocerán que el individualismo gana trofeos, pero que el trabajo colectivo gana campeonatos.

CADA MIEMBRO DEL EQUIPO DESEMPEÑA UN PAPEL ESPECIAL

A medida que el equipo adecuado se vuelve más poderoso, y cada jugador está dispuesto a colocarlo en primer lugar, los miembros empiezan a reconocer sus diferentes papeles en él. Pueden hacerlo ya que saben lo que se debe lograr para ganar, y conocen las capacidades de sus compañeros. Con ese conocimiento y algún ánimo de parte del líder, asumirán gustosamente sus adecuados papeles. En *The Well-Managed Ministry* [El ministerio bien administrado], Philip Van Auken reconoce este como el *principio del nicho*. Dice: «Los individuos que ocupan un lugar especial en el equipo se sienten especiales y actúan de manera especial. Los nichos en el equipo humanizan el trabajo colectivo».

En una situación ideal, el papel de cada persona se construye en sus mejores fuerzas. Así se pueden maximizar sus talentos. Pero no siempre trabaja de este modo. Puesto que el éxito del equipo es lo más importante, algunas veces sus miembros deben ser flexibles. Por ejemplo, cualquiera que haya seguido el baloncesto profesional ha oído hablar de Magic Johnson. Jugó para Los Angeles Lakers durante la década de los ochenta cuando ese era uno de los mejores equipos. El gran talento de Magic era que ponía gran énfasis en lo que pasaba, y acostumbraba hacer increíbles pases sin mirar. Pero Johnson era un jugador que siempre estaba dispuesto a desempeñar cualquier papel que el equipo le pidiera. Durante varias temporadas empezó los partidos del campeonato de la NBA (Asociación Nacional de Baloncesto) como defensa, delantero y centro. Podría ser el único jugador profesional de baloncesto que hiciera esto.

Lo importante es que los miembros del equipo hagan el papel que calce tanto las metas y necesidades de la organización como sus talentos y habilidades personales. El equipo completo sufre cuando no se desempeña cualquier papel. La situación se puede parecer a la de la historia que contó el consejero de administración James Lukaszewski en uno de sus discursos:

Un campesino estaba un día sentado en el porche observando a un camión del departamento de autopistas que se detenía en la orilla de la carretera. Un hombre bajaba, cavaba un hoyo de proporciones considerables en la cuneta y volvía al camión. Pocos minutos después, el otro ocupante del vehículo bajaba, rellenaba el hoyo, apisonaba la tierra y volvía al camión. Continuaban por la orilla cerca de cincuenta metros y repetían el proceso: cavar, esperar, rellenar. Después de media docena de repeticiones, el campesino se dirigió a ellos con paso decidido.

—¿Qué están haciendo? —preguntó.

—Participamos en un proyecto de embellecimiento de la autopista —contestó el chofer—. Y el compañero que planta los árboles se quedó hoy en casa enfermo.

Como líderes del equipo debemos reconocer qué funciones deben desarrollar los miembros para que el equipo logre su meta. Cuando notemos que no se está llevando a cabo una función, debemos hacer los ajustes necesarios para asegurar que se finalice el trabajo.

UN EQUIPO EFICAZ TIENE UNA BUENA RESERVA

En los deportes, los jugadores de reserva tal vez constituyen el recurso más malinterpretado del equipo. Muchos jugadores «participantes» creen que son importantes mientras los que están en la reserva no lo son. Aquellos creen que podrían jugar sin estos. Otros que pasan mucho tiempo en las reservas no reconocen su propia contribución. Algunos creen erróneamente que no se tienen que molestar preparándose como lo hacen los participantes, que no tienen que estar listos para jugar. Pero la verdad es que una buena reserva es indispensable. Sin esta, un buen equipo nunca triunfará.

Lo primero que una buena reserva provee es alcance. En los deportes, muchos equipos pueden tener una temporada de triunfos. Pero cuando el nivel de competencia se eleva, como en unas finales o en un torneo nacional o internacional, un equipo sin alcance sencillamente no da la talla. Si el equipo no tiene buenos jugadores de reserva, no podrá llegar muy lejos. Todavía no he visto un equipo campeón que no tenga una buenas reservas. En efecto, desarrollar una buena reserva es de lo que trata mucho este libro: seleccionar, equipar y desarrollar personal para que den lo mejor y ejecuten el trabajo cuando se les necesite.

Tener un grupo de buenos jugadores capaces de desempeñar papeles diferentes da al líder gran flexibilidad en cualquier situación. Por ejemplo, en el baloncesto, un entrenador empieza un partido con un grupo de personas cuando juegan contra un oponente cuyos jugadores son altos. Puede tener otra alineación cuando el equipo adversario es rápido. Otro grupo podría ser extraordinario como ofensiva veloz. A menudo depende del oponente qué jugadores hace participar en el partido. Los líderes en otras organizaciones tendrán las mismas clases de opciones cuando tienen una gran reserva. Con alcance, el equipo puede manejar una variedad de situaciones y exigencias con gracia y efectividad.

Otra propiedad de la reserva es que marca las pautas de nivel de juego de todo el equipo. Esto es cierto ya que la preparación del equipo depende de la reserva. En los deportes, el equipo practica contra sus propios jugadores. Si los participantes practican sólo contra jugadores débiles, su actuación no mejorará. Pero una buena reserva los obliga a dar lo mejor de sí mismos todo el tiempo, para mejorar continuamente. Lo mismo se puede decir de una organización. Si su nivel de juego se eleva día a día, entonces la actuación del equipo será de primera.

Finalmente, una buena reserva es necesaria para el éxito de un equipo, porque brinda un lugar para que un jugador cansado descanse. En equipos triunfadores, cuando uno de los jugadores ya no da más debido a la fatiga o lesiones, sus compañeros se echan la carga encima y le dan un respiro. Esta es posiblemente la mejor cualidad del equipo: la buena disposición de un jugador de intensificar su nivel de juego y caminar la milla extra por su compañero en un momento de necesidad. Esta es la seña final del deseo de un jugador de colocar en primer lugar al equipo y a sus metas.

LOS MIEMBROS SABEN EXACTAMENTE EN QUÉ SITUACIÓN ESTÁ EL EQUIPO

En los deportes, la habilidad de conocer en qué situación está el equipo en todo momento durante un partido separa a los jugadores grandiosos de los adecuados. Esa cualidad unida al talento capacita a un jugador a pasar de un nivel de juego al siguiente, como de colegial a profesional. Los entrenadores usan diferentes términos para describir esta cualidad. Por ejemplo, un jugador de fútbol americano la podría llamar *visión futbolística*. Uno de baloncesto la podría llamar *visión* o *sexto sentido*. Es la habilidad de saber cuántos segundos quedan por jugarse, cuántos puntos están en desventaja y qué jugadores de cada equipo están cansados o lesionados. Es la cualidad que hace grandiosos a los jugadores, y por consiguiente a los equipos.

Fuera de los deportes la cualidad se podría denominar *sentido organizacional*. Es la habilidad de saber qué está ocurriendo con la organización, qué situación tiene esta en relación con las metas, cómo arreglárselas en contra de la competencia, cómo actúan los diferentes jugadores y cuánto más pueden dar para llevar al equipo a donde debe ir. No todos los miembros de un equipo están dotados equitativamente con este sentido. Es oficio del líder mantener a todos los jugadores

> Conocer en qué situación está el equipo en todo momento durante un partido separa a los jugadores grandiosos de los adecuados.

informados. Él debe hacer revisar el progreso del equipo y escuchar a los jugadores que saben qué posición tiene el equipo. Si todos los miembros tienen esta información, están en una inmejorable posición de saber lo que hay que hacer para el éxito del equipo.

LOS MIEMBROS DEL EQUIPO ESTÁN DISPUESTOS A PAGAR EL PRECIO

> El éxito llega como consecuencia del sacrificio, esto es, la buena disposición de pagar el precio.

Una y otra vez el éxito llega como consecuencia del sacrificio, esto es, la buena disposición de pagar el precio. Lo mismo se puede decir de un equipo ganador. Todo miembro del equipo debe estar dispuesto a sacrificar tiempo y energía para practicar y prepararse. Debe tener la voluntad de rendir cuentas. Debe estar dispuesto a sacrificar sus propios deseos y de renunciar a parte de sí mismo para el éxito del equipo. Todo esto coloca por debajo los deseos de los individuos en favor de la dedicación hacia el equipo. Esto vale tanto en los negocios como en los deportes. Incluso en la guerra. En una entrevista con David Frost, este preguntó al general Norman Schwarzkopf, comandante de las fuerzas aliadas en la Guerra del Golfo: «¿Cuál es mayor lección que aprendió de todo esto?»

—El respondió:

Creo que hay una verdad fundamental en la milicia. Y es que usted puede tener en cuenta la correlación de fuerzas, puede ver la cantidad de tanques, puede ver la cantidad de aviones, puede ver todos esos elementos que la milicia podría colocar juntos. Pero a menos que el soldado en tierra o el piloto en el aire tengan deseos de ganar, que tengan fortaleza de carácter para ir a la lucha, que crean que su causa es justa y que tengan el apoyo de su país... el resto del asunto es irrelevante.

Sin la convicción en cada individuo de que la causa vale la pena, la batalla nunca se ganará y el equipo no tendrá éxito. Debe haber compromiso.

Cuando construye un equipo en su organización, usted tendrá un nivel de éxito que nunca creyó posible. El trabajo en equipo por una visión que merece la pena hace posible para personas comunes obtener resultados nada comunes. Cuando los miembros de ese equipo no son personas comunes, sino líderes, sus logros se pueden multiplicar. Todos los equipos necesitan la dirección adecuada. Convertirse en ese director es el tema del capítulo siguiente.

El más grande gozo del líder:

ENTRENAR EL MEJOR EQUIPO DE LÍDERES

Hace pocos años, los periodistas deportivos no podían hablar más que del *Dream Team* [El mejor equipo del mundo]: el equipo olímpico de baloncesto de los Estados Unidos, compuesto por Michael Jordan, Larry Bird, Magic Johnson, Charles Barkley y otros famosos jugadores. Algunos eran conocidos como los mejores jugadores de baloncesto de todas las épocas. Cuando la gente los veía jugar, la pregunta no era si ganarían o perderían, sino por cuántos puntos irían a ganar. El equipo era una reunión de estrellas que hasta los jugadores de los equipos contrarios les pedían autógrafos.

Todos los entrenadores sueñan con tener un equipo como ese, jugadores que conocen el juego al derecho y al revés, y que tienen el talento, el deseo y la disciplina para competir y triunfar al más alto nivel. La mayoría de los líderes sueñan lo mismo, pero la mayor parte de ellos piensan que nunca les sucederá. Y esta es una gran verdad, nunca lo tendrán. ¿Por qué? Porque no saben lo que significa ser un ganador.

En *Harvard Business Review* [Revista comercial de Harvard], el banquero Walter Wriston dice: «¡El individuo que se esfuerza en aprovechar el genio colectivo de las personas en su organización es quien derrota a la competencia!» Eso es lo que hace un líder grandioso: aprovecha el genio colectivo de los miembros de su equipo. Sabe cómo seleccionar, motivar y dar poder a su gente.

En más de veinticinco años de liderazgo he tenido el privilegio de dirigir algunos equipos maravillosos de personas. En esos años he descubierto que para llegar a ser el director de un equipo de ensueño, un líder debe desarrollar diez cualidades.

CUALIDADES DEL ENTRENADOR DEL MEJOR EQUIPO

Charles Frances dijo alguna vez: «Usted puede comprar el tiempo de un hombre, puede comprar su presencia física en determinado lugar, pero no puede comprar entusiasmo, no puede comprar lealtad, no puede comprar la devoción de corazones, mentes o almas. Eso se lo tiene que ganar». Las siguientes diez características del entrenador de un equipo ideal son cualidades con las que ganará la lealtad y el respeto del grupo; ellas motivarán y darán poder a los individuos para desempeñarse como un equipo ideal.

EL ENTRENADOR DEL EQUIPO IDEAL ESCOGE BIEN A LOS JUGADORES

A través del libro he puesto mucha atención a la identificación y selección de líderes potenciales. Ahora usted sabe qué hacer para desarrollar a su gente como jugadores eficaces individualmente. Escoger las personas adecuadas es vital. Red Auerbach, por mucho tiempo presidente de los Celtics de Boston dijo: «Seleccionar a su personal es más importante que dirigirlos una vez que estén en el trabajo. Si empieza con las personas adecuadas, no tendrá problemas futuros. Si por cualquier razón hace malas contrataciones, usted se ve en problemas graves y ni siquiera todas las técnicas revolucionarias de administración en el mundo podrán sacarlo de apuros». Lou Holtz, otro gran líder deportivo, lo dijo de esta manera: «Para ganar tiene que contar con grandes atletas... usted no puede ganar sin buenos atletas, pero puede perder con ellos. Aquí es cuando la dirección hace la diferencia». Ambos hombres reconocieron que se debe empezar con la materia prima adecuada para crear un equipo triunfador.

Así como lo dice Bobb Biehl en *Increasing Your Leadership Confidence* [Incremente su confianza en el liderazgo], junto con una clara dirección y una economía sana, contar con los jugadores adecuados determina entre 60% y 80% del éxito de cualquier organización. Si usted se quiere dar la oportunidad de ganar, comience contratando ganadores.

> **Contar con los jugadores adecuados determina entre 60% y 80% del éxito de cualquier organización.**

Puedo identificar cómo luce un ganador en mi organización. Puedo decir si alguien tiene el potencial de ser un colaborador estelar. De mis colaboradores íntimos quiero que:

Conozcan mi corazón:	Esto toma tiempo de parte de nosotros y deseos de parte de ellos.
Me sean leales:	Ellos son una extensión de mí y de mi trabajo.
Sean confiables:	No deben abusar de la autoridad, poder o confianza.
Sepan discernir:	Toman decisiones por mí.
Tengan corazón de siervos:	Llevan una carga muy pesada debido a mis exigencias.
Sean buenos pensadores:	Nuestras dos cabezas son mejores que la mía sola.
Cierren con broche de oro:	Pueden tomar autoridad para llevar a cabo la visión.

Tengan un corazón Mi corazón puesto en Dios es
dispuesto para Dios: la fuerza que conduce mi vida.

Cuando una persona muestra estas cualidades sé que tiene el potencial para desempeñarse en mi equipo de ensueño.

EL ENTRENADOR DEL EQUIPO IDEAL COMUNICA CONSTANTEMENTE EL PLAN DE ACCIÓN

Todo buen entrenador que conozco ha desarrollado un plan de acción. Tiene no sólo uno para cada partido, sino también uno para el desarrollo del equipo completo durante la presente temporada y la próxima. Una vez que ha trazado el plan de juego se lo comunica a su equipo casi continuamente.

Bear Bryant, antiguo entrenador de fútbol de la Universidad de Alabama, comunicaba eficazmente su plan de acción a sus jugadores. Reconocía que habían elementos específicos que ellos debían conocer. Explicaba en cinco puntos lo que debería hacer un entrenador:

Hablarles de lo que espera de ellos. [Esto les dice cómo actuar en el plan de juego, por lo tanto saben lo que deben tratar de hacer.]

Darles una oportunidad de actuar. [Esto los hace ser parte del plan de acción para cumplir con la visión.]

Hacerles saber cómo lo están haciendo. [Esto les permite aprender, mejorar e incrementar su contribución].

Enseñarles y entusiasmarlos cuando lo necesitan. [Esto les facilita los medios de aprender, mejorar e incrementar su contribución.]

Recompensarlos de acuerdo a su colaboración. [Esto los incentiva para esforzarse.]

El proceso se debe iniciar con la comunicación del plan de acción. Esa es la clave de la productividad. Pero debe continuar con el intercambio de información. O como lo dice Sydney J. Harris, la información se distribuye mientras la comunicación se utiliza. Se obtiene el poder para triunfar cuando existe una comunicación interactiva entre el líder del equipo y su personal.

EL ENTRENADOR DE UN EQUIPO IDEAL SACA TIEMPO PARA TENER BREVES REUNIONES CON SU GENTE DURANTE EL PARTIDO

Otra parte importante del proceso de comunicación es tener breves reuniones con los jugadores. En estas se recuerda el plan de acción y cómo se debe implementar. El resultado es desastroso, y hasta cómico, cuando los jugadores no tienen esta oportunidad.

Se cuenta la historia de un caballero que iba caminando por una calle residencial cuando vio a un hombre bregando con una lavadora en la puerta de su casa. Cuando se ofreció a ayudar, el dueño de casa se puso feliz, y los dos hombres empezaron juntos a bregar con el voluminoso aparato. Después de algunos minutos de vano esfuerzo, los dos se detuvieron y se miraron uno al otro. Ambos estaban al borde del agotamiento. Finalmente, cuando cada uno tomó aliento, el primer hombre dijo al dueño de casa:

—¡Nunca lograremos meter esta lavadora!

—¿Meter? —replicó el dueño de casa—. ¡Estoy tratando de sacarla!

Creo que las cosas nunca serán tan urgentes como para no tomarse el tiempo de tener breves reuniones. He aquí cinco elementos que estas proporcionan:

Enfoque

No importa cuán frecuente o eficazmente un entrenador comunica el plan de juego, no está de más efectuar breves reuniones para que la gente se reenfoque en lo importante. Los entrenadores de éxito en el baloncesto piden «tiempos» para reunirse con los jugadores, especialmente cuando el oponente los está sacando de su plan de juego. En esos «tiempos» rememoran lo fundamental para encarrilar de nuevo el plan de juego.

Hasta en la política es importante el enfoque. En 1992, siguiendo lo que los analistas llamaron la campaña sin gracia por todos los candidatos, Bill Clinton fue elegido presidente de los Estados Unidos. Una de las razones fue que él mantuvo la agenda de campaña enfocada en los aspectos en que los estadounidenses querían más cambios.

Oportunidad de escuchar

Cuando el equipo está reunido, todos los jugadores y entrenadores tienen la oportunidad de intercambiar información. La comunicación debe fluir hacia ambas partes. Cuando el entrenador recibe la información adecuada, esta a su vez le ayuda a transmitir la información adecuada. También nueva información lleva al entrenador a hacer ajustes.

Oportunidad de efectuar cambios personales

Algunas veces los ajustes que deben hacer los entrenadores son cambios en el personal o en sus responsabilidades. A menudo la mejor manera de solucionar un problema es permitir que lo enfrente un jugador diferente. Un buen entrenador puede ver de qué se trata y tiene la voluntad de hacer el cambio.

Oportunidad de hacer cambios en el juego

Otras veces no hay problema con los jugadores. Lo que se debe cambiar es la forma en que están jugando. La flexibilidad es una cualidad invalorable en un entrenador. Los mejores entrenadores son buenos al hacer los ajustes necesarios.

Oportunidad para descansar

Algunos jugadores lo que necesitan es una oportunidad para detenerse, respirar y reagruparse. Una breve reunión durante el juego puede ayudar al equipo a revitalizarse para continuar y triunfar.

EL ENTRENADOR DE UN EQUIPO IDEAL SABE LO QUE PREFIEREN SUS JUGADORES

Realzar lo mejor en los miembros del equipo requiere que su entrenador los conozca y sepa qué es importante para ellos. Padgett Thompson, entrenador de una organización con base en Kansas, pidió recientemente a sus empleados que calificaran sus deseos en el lugar de trabajo en orden de importancia. Se publicaron los resultados en el periódico *Training and Development*. De los muchos temas que expresaron, los tres que valoraban más los empleados eran:

- Agradecimiento por un trabajo bien hecho
- Un sentimiento de estar «dentro» de lo que sucede
- Que la administración entienda sus problemas personales

Padgett Thompson comparó luego estos resultados con lo que los supervisores *pensaban* que los empleados valoraban. Los supervisores colocaron los tres temas en octavo, décimo y noveno puestos.

La falta de conocimiento de los supervisores en relación con sus empleados puede servir para otra estadística que John D. Hatfield y Richard C. Huseman informaron en *Managing the Equity Factor* [Cómo administrar el patrimonio]. Establecieron que 85% de los trabajadores en todos los Estados Unidos dijeron que podrían hacer un mejor trabajo. Más de la mitad manifestó que podrían duplicar su eficacia «si quisieran».

155

La verdad del asunto es que los trabajadores no producen porque no se les motiva o agradece. Sus líderes no saben lo que ellos quieren. A menudo los individuos cambian de trabajo por razones personales, no por razones profesionales. Además, sus emociones juegan el más grande papel en su motivación. Los buenos entrenadores saben qué prefiere su gente, y utilizan ese conocimiento para conquistar las metas, tanto del equipo como de los jugadores.

EL ENTRENADOR DEL EQUIPO IDEAL RESUELVE LOS PROBLEMAS DE MANERA EXCELENTE

Al Davis, próspero dueño de los Raiders de Los Ángeles, dijo: «Un líder grandioso no trata los problemas como algo especial, los trata como algo normal». Los entrenadores de éxito no tienen como meta la «perfección». Si la tuvieran, fallarían a cada momento. Vivimos en un mundo imperfecto en que siempre ocurren problemas. Desde luego, un líder debe buscar la excelencia, pero debe también esperar que ocurran problemas; y aunque usted no lo crea, debe recibirlos con agrado. Los problemas casi siempre crean oportunidades de aprender, crecer y mejorar.

> Los problemas casi siempre crean oportunidades de aprender, crecer y mejorar.

Todos los líderes pueden convertirse en buenos solucionadores de problemas. Para hacerlo deben hacer cuatro cosas: anticiparlos *antes de que pasen*, mantener una actitud positiva *mientras suceden*, utilizar todos sus recursos para solucionarlos tan rápido como sea posible para que *cesen de ocurrir* y aprender de ellos para que los problemas *no se vuelvan a presentar*.

La mayoría de los asuntos que exigen de un entrenador habilidades para resolver problemas caen en una de tres categorías. Tienen que ver con el jugador, la preparación y el juego:

Solución de problemas con los jugadores

Estos asuntos requieren grandes habilidades, tanto de comunicación eficaz como de resolución de problemas. Una situación común es que los jugadores no trabajan en equipo (ver el capítulo siete para encontrar modos de resolver este problema). En otra situación se pueden ver jugadores que enfrentan asuntos personales, y que requieren la asistencia y el paciente entendimiento del entrenador. Posiblemente los más frustrantes problemas ocurren cuando un jugador no alcanza su potencial. Un buen entrenador debe trabajar con él para ayudarlo a identificar sus metas y luego motivarlo de tal manera que empiece a crecer de nuevo.

Solución de problemas con la preparación

Seguramente el problema más común relacionado con la preparación es el aburrimiento. Muchos aspectos básicos que se deben cuidar en el proceso de preparación pueden ser aburridos. Los buenos entrenadores brindan un clima que minimiza el aburrimiento y recuerda a los jugadores los resultados positivos que esa preparación implica.

Relacionada con el aburrimiento está la moral. Cuando esta es baja, también lo es la producción. Los buenos entrenadores estimulan actitudes positivas en sus jugadores.

> Los buenos entrenadores abordan cada adversario desde una perspectiva fresca.

El último problema es la falla en preparar de manera diferente para cada contrincante (o proyecto). Los buenos entrenadores abordan cada adversario desde una perspectiva fresca y con creatividad. El éxito llegará al equipo con mayores posibilidades si a todo nuevo oponente se le considera único.

Solución de problemas con el juego

Como ya lo hemos discutido, los buenos entrenadores plantean cada juego con un plan de acción. Este es un enfoque activo.

157

Sin embargo, debido a que ocurren problemas, los buenos entrenadores reconocen también que quizás tienen que tomar decisiones reaccionarias, las que se deben tomar rápidamente y se deben comunicar de inmediato y en forma clara.

Leí en una ocasión que el general Ulysses S. Grant tenía cerca de él a un soldado bastante ingenuo. Cuando se preparaba a dar una orden a uno de sus generales, primero la daba al soldado común para estar seguro de que su comunicado era claro y comprensible.

Finalmente, todos los entrenadores reconocen que sus decisiones serán criticadas. No importa cómo se solucione el problema, alguien dirá que fue una decisión equivocada. Un entrenador debe aprender a seguir sus convicciones a pesar del estruendo de la muchedumbre.

Cuando se prepare para los problemas, recuerde las palabras de Tom Landry, antiguo director de los Cowboys de Dallas: «Un líder triunfador tiene que ser innovador. Si usted no se coloca un paso adelante de la multitud, pronto se encontrará un paso detrás de todo el mundo». Plantee los problemas resolviéndolos con creatividad. Use su personal como recursos. Por eso es que usted ha trabajado muy arduamente en seleccionarlos y desarrollarlos.

EL ENTRENADOR DE UN EQUIPO IDEAL PROPORCIONA EL APOYO NECESARIO PARA EL ÉXITO

El mayor ambiente de apoyo se crea cuando los entrenadores deciden ser facilitadores en vez de dictadores. Mientras más jugadores y entrenadores se involucren, más triunfador es el equipo. El total dominio del entrenador, aunque sea alguien capaz de cumplir, nunca es tan efectivo como el esfuerzo de un grupo. Observe las diferentes maneras en que operan los dictadores y los facilitadores:

Los dictadores:

1. Acaparan las decisiones

2. Toman solo las decisiones, o las restringen a un grupo muy selecto.

3. Consideran la verdad y la sabiduría como su dominio puesto que son los líderes.

4. Sorprenden a sus trabajadores con órdenes superiores.

5. Protegen sus propios intereses.

6. Toman para sí mismos.

Los facilitadores:

1. Hacen que los subalternos tomen decisiones.

2. Involucran lo más que pueden a otros en las decisiones clave y les dan poder a los demás en la toma de decisiones.

3. Consideran la verdad y la visión accesibles a todos en la organización.

4. Permiten que quienes sean responsables decidan cómo se ejecutarán las tareas.

5. Sirven a los intereses de todos al desarrollar a las personas.

6. Se dan para la organización.

Además de proporcionar una atmósfera de apoyo en la que se estimule la participación de todos, los líderes grandiosos también afirman enormemente a su personal. No existe un jugador en el mundo que no responda a esto.

Otro medio por el que los mejores entrenadores apoyan a sus jugadores es simplificándoles la vida. ¿Se puede imaginar a alguien que responda positivamente a un burocrático casete? Creo que Procedimientos, Procedimientos, Procedimientos + Reglas, Reglas, Reglas = Frustración, Frustración, Frustración. Si puedo simplificarlo, lo hago. Quiero dar a mi gente más innovadora y creativa un campo abierto donde puedan correr, no aros para que salten entre ellos.

Como punto final, una de las mejores maneras de suministrar apoyo eterno es crear una tradición ganadora para la organización.

159

Los jugadores profesionales novatos, contratados por equipos como los Celtics de Boston o los Cowboys de Dallas, hablan a menudo con admiración de la tradición de ganadores de esos equipos. Esa tradición crea un clima positivo y un ímpetu inapreciable.

Cuando un equipo tiene pocos triunfos, se crea un ímpetu y una actitud positiva. Cuando obtiene unas cuantas temporadas de triunfos, se crea una tradición. Entonces, en vez de que el entrenador vaya en busca de estrellas, estas vienen en su busca.

EL ENTRENADOR DE UN EQUIPO IDEAL EXIGE RESPETO DE LOS JUGADORES

Si no lo respetan, un entrenador nunca podrá conseguir que sus jugadores hagan lo que les pide. Stephen Covey declara en *The Seven Habits of Highly Effective People* [Los siete hábitos de las personas altamente eficaces]:

> Si trato de usar las estrategias y tácticas humanas de influencia sobre cómo lograr que los demás hagan lo que quiero, que trabajen mejor, que estén más motivados, que me quieran y que se quieran mutuamente, mientras mi carácter falla en su base y está marcado por la hipocresía o la falta de sinceridad, entonces a la larga no podré tener éxito. Mi hipocresía alimentará desconfianza, y todo lo que haga, aun cuando utilice las autoproclamadas técnicas de relaciones humanas, se percibirá como manipulación.
>
> Sencillamente no importa cuán buena sea la retórica o aun cuán buenas sean las intenciones; si hay poca o ninguna veracidad, no hay base para el éxito permanente. Sólo la bondad básica da vida a la técnica.

El respeto se debe ganar en tiempo extra, sin atajos.

El respeto se debe ganar en tiempo extra, sin atajos. Se gana mediante la incorporación constante de tres atributos:

Veracidad

Los individuos nunca respetarán a alguien en quien no pueden confiar. Nunca. Los mejores entrenadores lo saben y se esfuerzan inmediatamente en hacerles saber cómo pueden confiar en ellos. Mike Krzyzewski, jefe de entrenadores de baloncesto de la Universidad Duke, lo dijo de esta manera: «Si usted establece una atmósfera de comunicación y verdad, esta se vuelve una tradición. Los más antiguos miembros del equipo establecerán su credibilidad con los más nuevos. Aun si a ellos no les gusta algo de usted, todavía pueden decir: Él es veraz, comprometido con nosotros como equipo"».

Actitud bondadosa

En todos mis años de dirigir personas debo haber dicho esto más de mil veces: «A las personas no les importa cuánto sabe usted hasta que sepan cuánto les importa ellos». Es verdad. Si los jugadores sienten que usted realmente les importa, que pone sus intereses en primer lugar, entonces ellos le escucharán y lo respetarán. Cuando era entrenador de fútbol de la Universidad de Michigan, Bo Schembechler dijo: «Sus jugadores deben saber que usted les interesa profundamente. Esto es lo más importante. Nunca lo podría haber logrado si los jugadores hubieran sentido que no me importaban. A la larga, ellos saben que estoy en su esquina».

Capacidad de tomar decisiones difíciles

Los jugadores no pueden respetar a un entrenador que no puede tomar las decisiones difíciles que sean necesarias para el éxito del equipo. Cuando un entrenador está dispuesto a hacerlo, ellos saben que actúa de acuerdo a los mejores intereses del equipo. Se sienten seguros y en compensación actúan de acuerdo a los mejores intereses del equipo. Tom Landry dijo: «Tal vez lo más duro para un entrenador es poner en la balanza lo mejor para un individuo contra lo que es mejor para el equipo.

Mantener un jugador en la lista sólo porque me gusta personalmente, o incluso por su gran contribución al equipo en el pasado, cuando siento que algún otro podría hacer más por el equipo, sería un perjuicio para las metas del equipo». Él perdería también el respeto de sus jugadores.

EL ENTRENADOR DE UN EQUIPO IDEAL NO TRATA A TODO EL MUNDO DE LA MISMA MANERA

Uno de los más grandes errores que puede cometer un entrenador es creer que debe tratar a todos sus jugadores de igual modo. A los entrenadores se les contrata para ganar, no para hacer feliz a todo el mundo o para repartir de la misma manera el dinero, tiempo o recursos. A cada jugador se le debe brindar apoyo y ánimo. Pero creer que todos deben recibir el mismo trato es no sólo poco realista sino destructivo. Cuando se trata y compensa a todos los jugadores por igual, se está premiando la mediocre actuación del mismo modo que las contribuciones sobresalientes de los mejores jugadores.

Conceda oportunidades, recursos y tiempo de juego de acuerdo a la actuación pasada de los jugadores.

Los grandes entrenadores dan oportunidades, recursos y tiempo de juego de acuerdo a la actuación pasada de los jugadores. A mejor actuación, mejor oportunidad. Cuando usted tiene un jugador como Michael Jordan de los Bulls de Chicago, le quiere poner el balón en sus manos tan a menudo como sea posible.

Hay ocasiones en que usted no está seguro del nivel de desempeño de un jugador porque no ha tenido tiempo de observarlo. Esto es especialmente cierto cuando tiene un jugador novato. Cuando eso sucede, dele frecuentes pero pequeñas oportunidades, y trate de variarlas tanto como sea posible. Si lo hace, pronto podrá determinar su calibre para jugar. Eso le indicará cómo responder.

EL ENTRENADOR DE UN EQUIPO IDEAL CONTINÚA GANANDO

Existe sólo un desafío más difícil que ganar para un entrenador de éxito: continuar ganando. Como tenista y golfista profesional, además de excampeón olímpico, Althea Gilbson dijo: «En los deportes a usted no se le considera un verdadero campeón hasta que defienda con éxito su título. Si gana una vez puede ser una casualidad, si lo hace dos veces prueba que es el mejor». Casi cualquiera puede mostrar una victoria que haya tenido. Pero se necesita más de un triunfo para hacer grandioso a un entrenador. Debe mostrar un continuo desempeño positivo.

Lograr temporadas de triunfos consecutivos es tan difícil en los deportes que los equipos contratan consejeros, tales como el sicólogo Bruce Ogilvie, para que les enseñe cómo hacerlo. En la entrega de julio/agosto de 1988 de la revisa *Success*, el periodista Dan Gutman escribió que Ogilvie sugiere los siguientes puntos importantes para asegurar el éxito:

Trabajar en habilidades específicas. [No importa cuánto éxito haya cosechado un equipo, siempre hay lugar para mejorar. Existen personas en el equipo que aún no se han acercado al límite de su potencial. Trabaje con cada miembro del equipo para estimularlo a que mejore y crezca. Concentre a cada jugador en una nueva meta para la temporada.]

Efectuar un cambio. [Toda tentación del ganador es continuar haciendo las cosas exactamente como antes. Sin embargo, ese es un enfoque erróneo para el éxito. Usted y su equipo estarán aún en la lucha cuando otro equipo lo pasará. Utilice el ímpetu que ha obtenido de triunfos pasados para continuar cambiando y creciendo.]

Premiar a los no recompensados. [Todo equipo tiene héroes olvidados, personas a quienes nunca se les agradeció su colaboración para el éxito del equipo. Busque estos individuos y prémielos con elogios, dinero y más oportunidades.]

Pasar la carga. [Como ya lo dije, el éxito tiene un precio. Si su equipo ha triunfado, se debe a que algunos de sus miembros han llevado la carga al hacer sacrificios. Han renunciado a estar con sus familias, han trabajado muchas horas y han dado prioridad a las metas del equipo por sobre las propias. Algunos habrán hecho tales sacrificios agotadores, pero no podrán continuar haciéndolos. Déjelos descansar y pase la carga a otros que estén dispuestos y disponibles.]

Por sobre todo, no vivir de las victorias del pasado. [Si usted se concentra en la retaguardia en vez de la vanguardia, se arruinará. Es como la anécdota que escuché acerca de un vendedor que en junio rompió los récords de ventas de todos los tiempos para un mes. En la reunión celebrada el primero de julio, el gerente dijo: «Quiero felicitar a Kent por su gran labor. Él vendió más autos en un mes que cualquier otro vendedor». Todos aplaudieron. «Pero eso fue el mes pasado. Ahora concentrémonos en julio». Celebre las victorias, disfrútelas brevemente y siga adelante.]

Otra manera de ayudar a los jugadores a continuar ganando es evitarles el agotamiento. La mejor manera de hacer esto es verlo llegar y evitarlo. El sicólogo laboral Beverly Potter cree que el agotamiento se puede prevenir cuando se le detecta a tiempo. Sugiere que se vigile en una persona la falta de energía, insomnio, falta de creatividad, imposibilidad de tomar decisiones, ira crónica, amargura, lenguaje sarcástico o síntomas físicos como cansancio, dolores de cabeza, dolores del cuerpo y náuseas.

John Madden, analista deportivo y antiguo entrenador que se coronó campeón con los Raiders de Oakland, fue víctima del agotamiento. Cuando se le preguntó cuáles fueron sus síntomas, contestó: «Usted no tiene energía porque no tiene interés. De repente no le importa el reclutamiento de jugadores. No está interesado en el campo corto. No le importa quién es el mejor defensa. No le importa si han contratado a cualquiera de sus jugadores veteranos. Cuando no le importa, es tiempo de irse... usted es historia... está terminado». Puesto que estaba fundido, él no estaba capacitado para continuar entrenando. Lo mismo puede sucederle a usted o a sus jugadores. Usted tiene que evitar el agotamiento para continuar ganando.

EL ENTRENADOR DE UN EQUIPO IDEAL ENTIENDE LOS NIVELES DE LOS JUGADORES

Uno de los errores más comunes que un entrenador puede cometer es juzgar mal el nivel de uno de sus jugadores. Si el líder no trabaja con cada jugador de acuerdo al nivel en que se encuentra en su desarrollo, este no rendirá, no triunfará ni se desarrollará. Según el consejero administrativo Ken Blanchard, todos los miembros del equipo están en una de estas cuatro categorías relacionadas con el tipo de liderazgo que necesitan:

Jugadores que necesitan dirección. Estos en realidad no saben qué hacer o cómo hacerlo. En esta etapa de su desarrollo, usted debe instruirlos en cada paso del camino. De ninguna manera el rendimiento de estos novatos refleja lo que usted hace por ellos debido a que son incapaces de trabajar independientemente.

Jugadores que necesitan entrenamiento. En algún momento un novato empieza a rendir más. Se vuelve más independiente pero aun cuenta con la dirección y guía de usted. Los dos tendrán que trabajar unidos.

Jugadores que necesitan apoyo. En este nivel el jugador es capaz de trabajar sin su dirección. Pero aun requiere su apoyo y estímulo.

Jugadores a quien usted delega. En esta etapa le puede dar una tarea al jugador y usted puede estar seguro de que la va a ejecutar. Lo único que este jugador necesita es su guía. Proporciónele visión en un extremo y responsabilidad en el otro, y verá que él multiplica sus esfuerzos hacia el éxito.

LA HERRAMIENTA MÁS PODEROSA DEL ENTRENADOR DE UN EQUIPO IDEAL: DELEGAR

Un líder puede tener todas las diez características mencionadas con anterioridad, pero si no aprende el arte de delegar, nunca se verá entrenando un equipo de ensueño. Saber delegar es la herramienta más poderosa que tienen los líderes; esta incrementa tanto su rendimiento individual como el de su departamento u organización. Los líderes que no saben delegar crean embotellamiento en la producción.

> Delegar
> es la herramienta
> más poderosa
> que tienen los líderes.

La otra ventaja de saber delegar es que aumenta la iniciativa de las personas dentro de la organización, porque les da la oportunidad de crecer y los habitúa al éxito.

Si delegar es tan importante para el éxito de un líder, ¿por qué algunos de ellos fracasan en hacerlo eficazmente? ¿Por qué se impiden a sí mismos convertirse en entrenadores grandiosos? Existen varias razones:

LA INSEGURIDAD

Algunos líderes temen que si no controlan todo no van a efectuar su trabajo. Temen que otros los critiquen de eludir su responsabilidad. La razón de fondo es que temen perder el empleo.

LA FALTA DE CONFIANZA EN OTROS

Algunos líderes creen que sus empleados no son muy competentes para hacer el trabajo, por tanto no delegan en absoluto. Fracasan al no darse cuenta de que las personas crecen cuando se delega en ellas, al darles la oportunidad de actuar, cometer errores y aprender de ellos. Para triunfar, todos los líderes deben tomar el paso primordial de permitir a otros que lleven parte de la carga. Cometerán algunos errores al delegar, y también cometerán errores las personas en quienes delegan. Pero allí es cuando entra el proceso de aprendizaje.

LA FALTA DE HABILIDAD PARA ENTRENAR A OTROS

Quienes delegan con éxito no pueden sencillamente asignar tareas a sus empleados sin prepararlos para ellas. Si actúan así, su gente fracasará y se resentirá contra ellos. Por el contrario, deben entrenarlos tanto antes de delegar como cuando cometan errores. Los líderes que aprenden a entrenar a otros están mejor capacitados para delegar.

EL DISFRUTE PERSONAL DEL TRABAJO

Para las personas es difícil renunciar a las labores que les encanta desempeñar. Pero algunas veces renunciar es lo mejor que pueden hacer los líderes. Lo que se deben preguntar es si el trabajo lo puede hacer alguien más. Si es así, probablemente debería delegar. El líder se debe concentrar en las tareas que nadie más puede desempeñar, no en hacer lo que le encanta.

LA COSTUMBRE

La costumbre es parecida al disfrute del trabajo. Sólo porque alguien es maestro en una labor no necesariamente significa que tenga que continuar haciéndola. Los líderes que ejecutan una tarea que se vuelve sencilla deben delegarla y dedicarse a hacer algo más complejo.

LA INCAPACIDAD DE ENCONTRAR A OTRO QUE HAGA EL OFICIO

En cierta ocasión Mark Twain dijo: «Nunca aprenda a hacer algo. Si no lo aprende, encontrará siempre a alguien que lo haga por usted». Aunque bromeaba, hay una pizca de verdad en su declaración. Esa verdad es que usted siempre debe estar buscando gente para darle tareas. Ya se fueron los tiempos en que las personas lo localizaban para pedirle que les dejara hacer algo. Un líder que no puede encontrar gente en quién delegar tal vez no esté buscando lo suficiente.

LA RENUENCIA QUE CAUSAN LOS FRACASOS PASADOS

Ya mencioné que cuando los líderes fallan al hacer esfuerzos tempraneros de delegar, algunas veces se vuelven renuentes a delegar. Ken Allen declara en *The Effective Executive* [El ejecutivo eficaz] que no debemos basarnos exclusivamente en nosotros por el fracaso en delegar, ni tampoco debemos reprochar a quienes delegamos el trabajo. Él anuncia: «Rara vez la falla en delegar es culpa del subordinado; quizás usted eligió erróneamente a la persona que desempeñaría el trabajo, o no la entrenó, desarrolló o motivó suficientemente». No se dé por vencido si en el pasado ha tenido problemas al delegar. Trate de determinar por qué ocurrió el problema, aprenda a partir de esa base e intente delegar de nuevo.

LA FALTA DE TIEMPO

Probablemente la excusa más común que las personas dan para no delegar es que no tienen tiempo para enseñar a otra persona a hacer el trabajo; y no delegar es probablemente la causa más común de que no tengan tiempo. La incapacidad de delegar debido a la falta de tiempo es un pensamiento cerrado. El tiempo que se invierte en delegar se recupera a la larga.

Por ejemplo, digamos que un líder se lleva una hora en efectuar cierta tarea semanal. Él determina que enseñarle a otro a hacer esa tarea le tomará inicialmente cinco horas, luego una hora por semana durante las siguientes tres semanas. Eso totaliza ocho horas de su tiempo: *un día completo que perderá* en su ajetreado programa. Dedicando la misma cantidad de tiempo, podría continuar haciendo la tarea durante los próximos dos meses.

No obstante, si piensa a largo plazo se da cuenta de que al finalizar el año la inversión inicial de ocho horas le daría cuarenta y cuatro horas adicionales de tiempo para desarrollar otras tareas. *¡Hubiera ganado una semana completa!* También existe la ventaja de que el empleado en quien delegó está mejor adiestrado para desarrollar otras de sus tareas en el futuro. Para romper el círculo vicioso de la falta de tiempo, un líder necesita la persona adecuada en quien delegar y buena disposición para sacar el tiempo del entrenamiento inicial.

LA MANERA DE PENSAR
«YO LO HAGO MEJOR»

Los líderes que piensan que para hacer algo realmente bien hecho, lo tienen que hacer ellos mismos, terminarán logrando muy poco. El mayor problema que tienen los nuevos líderes es su renuncia a pasar de *hacer* a *dirigir* el trabajo. Edgar Speer, presidente de U.S. Steel, dijo: «Ni siquiera intente controlar cómo su personal efectúa el trabajo. No hay manera ni propósito de hacerlo. Cada cual hace su trabajo de diferente manera, y quiere mostrar cuán bien lo puede hacer a su manera. La labor de un supervisor es analizar los resultados en vez de tratar de controlar cómo se hace el trabajo». Si usted quiere hacer bien unas pocas tareas, hágalas personalmente. Si quiere hacer tareas grandiosas que impacten, aprenda a delegar.

Si se ve a usted mismo en cualquiera de las anteriores descripciones, probablemente no está delegando lo suficiente. Si empieza a fallar en la entrega de trabajos, y las crisis aumentan con frecuencia, este puede ser un indicador de que necesita delegar tareas. Mantenerse en la búsqueda de nuevos empleados que estén listos para conquistar nuevos horizontes es primordial para delegar trabajo en ellos.

PASOS PARA DELEGAR

Es importante ayudar a las personas delegando en ellas. Como ya lo mencioné, usted simplemente no puede aventar tareas sobre los demás si quiere que triunfen. Yo delego de acuerdo con los pasos siguientes:

Pídales que sean únicamente investigadores

Esto les da la oportunidad de involucrarse y familiarizarse con los procedimientos y objetivos.

Pídales que hagan sugerencias

Esto los hace pensar y le proporciona a usted una oportunidad de entender el modo de pensar de ellos.

Pídales que implementen una de sus recomendaciones

Este es un momento crítico. Los lleva al éxito, no al fracaso, y los anima enormemente.

Pídales que tomen sus propias acciones, pero que informen inmediatamente los resultados

Esto les da confianza, y usted estará en posición de corregir errores si es necesario.

Déles completa autoridad

Este es el paso final, hacia el que ha estado trabajando.

Es trabajo de un entrenador hacer que los miembros del equipo hagan lo que no quieren hacer, de tal manera que lleguen a convertirse en lo que siempre han anhelado ser. Esto se puede hacer con las herramientas y la actitud adecuadas. Mientras más trabaje en sus habilidades, más desarrollo propio logra; mientras más se dé a sus jugadores, más éxito llegará a tener como entrenador. Si en verdad da todo lo que tiene, algún día usted también puede convertirse en el entrenador de un equipo de ensueño. Este será uno de los mayores gozos de su vida.

He aquí dos cuestionarios que le ayudarán a indicarle algunas de sus habilidades como entrenador. La primera se relaciona con la función de delegar.

FALSAS IDEAS SOBRE EL DELEGAR

Preguntas:

Responda verdadero (V) o falso (F) a cada pregunta.

1. Delegue siempre en los subordinados
    que tienen experiencia con labores similares.   V   F

2. La persona en quien delegue debe tener
    tanta información como le sea posible
    acerca de la tarea.   V   F

3. Se deben llevar controles desde el inicio
    de una tarea delegada.   V   F

4. Vigilar el método que se sigue en una tarea
    delegada es tan importante como conseguir
    los resultados deseados.   V   F

5. La decisión crucial involucrada en una tarea
    delegada se considera terreno de quien delega. V   F

6. Haga siempre que la tarea delegada parezca
    un desafío aunque sea monótona.   V   F

7. Delegar significa asignar trabajo.   V   F

8. No asesore cuando delegue. V F

9. Para evitar favoritismos al delegar, utilice
   los mismos procedimientos y sistemas de
   responsabilidad con cada subordinado. V F

10. Si un subordinado falla en una tarea delegada,
    no delegue otra vez en él. V F

Respuestas:

1. FALSO: Si continuamente delega tareas similares a los mismos, estos no obtienen oportunidades adicionales de crecer. Tampoco es justo con los subordinados que tienen menos experiencia y que necesitan oportunidad de desarrollarse.

2. VERDADERO: Mientras mayor información dé a la persona que va a efectuar el trabajo, más rápido y sencillo se hace el proceso de delegar. Usted debe proporcionar alguna información a los subordinados con más experiencia, y luego darles ideas acerca de cómo obtener información adicional por su cuenta.

3. VERDADERO: Los controles no sólo ayudan a evitar los desastres, también le dan confianza al subordinado.

4. FALSO: Este es uno de los riesgos más comunes de quien no tiene experiencia en delegar. Los resultados son los que cuentan. Exigir a otros que utilicen su propio método puede ahogar la iniciativa y creatividad necesarias para el éxito en delegar.

5. FALSO: Este es otro error común que hacen los malos delegadores. Delegar correctamente conlleva el derecho y la responsabilidad de tomar decisiones.

6. FALSO: El carácter engañoso de las tareas delegadas ofende a los subordinados y erosiona la verdad.

7. FALSO: Delegar incluye realmente transferir y responsabilizar para determinar qué trabajo se debe hacer, cómo se debe enfocar y quién lo hará.

8. FALSO: Deje que los demás hagan el trabajo a su manera, pero deles tanto asesoramiento (y visión) como crea que lo necesiten antes de empezar. Esté dispuesto a responder sus preguntas, pero no mire constantemente sobre sus hombros o no solucione los problemas que ellos deben solucionar. Aprender a solucionar problemas es parte del proceso de desarrollo.

9. FALSO: Tanto las tareas como las personas son diferentes. Se deben tener en cuenta tanto la dificultad de la tarea como la experiencia y habilidad de quien la va a desarrollar. Cuando delegue, adapte la responsabilidad de tal manera que calce con la persona a quien delega.

10. FALSO: No abandone a un subordinado por una falla. Esta se puede deber a circunstancias ajenas al control de él. La falta podría ser también el resultado de su método de delegar. Examine qué se hizo mal y por qué.

Puntaje:

Anótese un punto por cada respuesta correcta.

9-10	Usted es un delegador de primera.
6-8	Usted conoce los fundamentos, pero siga aprendiendo.
5 o menos	Usted ha encubierto una debilidad muy seria en su liderazgo.

Si comúnmente usted es responsable de liderar o supervisar gente, es también responsable de su interacción como equipo. Este segundo examen le ayudará a determinar cuán bueno es como entrenador:

¿CUÁN BIEN ESTÁ ENTRENANDO A SU EQUIPO?

Responda las preguntas usando la calificación que aquí se da; luego totalice su puntaje.

1	Aun no lo he pensado
2	Sólo en las primeras etapas
3	En firme progreso
4	Cerca del logro
5	Logrado completamente

1. He escogido bien a mis jugadores.   1 2 3 4 5

2. He demostrado a mis jugadores que me interesan.   1 2 3 4 5

3. Los he animado a que se preocupen mutuamente.   1 2 3 4 5

4. Sé lo que prefieren mis jugadores.   1 2 3 4 5

5. Los animo activamente a crecer en equipo.   1 2 3 4 5

6. He desarrollado un equipo adecuado.   1 2 3 4 5

7. Apoyo a mis jugadores.   1 2 3 4 5

8. Les he enseñado qué es importante.   1 2 3 4 5

9. Les muestro con frecuencia el plan de juego.   1 2 3 4 5

10. He dado el ejemplo pagando el precio por ellos.   1 2 3 4 5

11. Mis jugadores están dispuestos a colocar el equipo antes que ellos.   1 2 3 4 5

12. He desarrollado una buena reserva.   1 2 3 4 5

13. He estimulado a cada jugador
a buscar y desempeñar su función.   1 2 3 4 5

14. Tengo el respeto de mis jugadores.   1 2 3 4 5

15. Premio a mis jugadores de acuerdo
a su desempeño.   1 2 3 4 5

16. He levantado una tradición ganadora.   1 2 3 4 5

17. Espero y me preparo para los
problemas.   1 2 3 4 5

18. Sé el nivel de todos mis jugadores.   1 2 3 4 5

19. Saco tiempo para enseñar y delegar.   1 2 3 4 5

20. Hago sólo las tareas que no se
pueden delegar.   1 2 3 4 5

Puntaje:

90-100	Usted es un gran entrenador con un equipo grandioso; está listo para ser campeón.
80-89	Es un excelente entrenador; mantenga afinado su equipo y sus habilidades.
70-79	Es un entrenador sólido; no se detenga ahora; mantenga ese buen trabajo y luche por la excelencia que está a su alcance.
60-69	Sus jugadores empiezan a parecerse un equipo; manténgase aprendiendo y construyendo.
Bajo 60	Tiene gran cantidad de trabajo por delante, pero no se desaliente; utilice los principios de este capítulo para empezar hoy día la edificación del equipo y a mejorar sus habilidades como entrenador.

El mejor momento del líder:

RECONOCER EL VALOR PARA LOS LÍDERES Y DE LOS LÍDERES

Alex Haley, autor de *Roots* [Raíces], acostumbraba tener en su oficina una foto de una tortuga sentada encima de una cerca. La mantenía allí para recordar una lección que había aprendido años atrás: «Si ves una tortuga en lo alto de un poste, sabes que recibió ayuda». Haley comentaba: «Cada vez que pienso: ¡Vaya, es maravilloso lo que he hecho!", miro la foto y recuerdo cómo esta tortuga, yo, se trepó a ese poste».

Tanto los líderes desarrollados como las personas que desarrollan son como esa tortuga. Han obtenido mucha ayuda. Otros hicieron posible que se viera sobre la cerca. Mediante el proceso de desarrollo, los nuevos líderes y los promotores han agregado valía a su vida.

Agregar valor a alguien es mucho más que el ascenso personal o el mejoramiento organizacional. Es verdad que quienes se han desarrollado logran ascensos; y es igualmente cierto que las organizaciones mejoran y se expanden cuando tienen líderes dedicados al desarrollo de otros. Sin embargo, añadir valor es mucho más que eso. Es el enriquecimiento de la calidad de vida de las

> El desarrollo
> de las personas
> es un cambio de vida
> para todos los
> involucrados.

personas. Es la expansión del propósito de sus vidas y capacidades. El desarrollo de las personas es un cambio de vida para todos los involucrados. Alan McGinnis dice en *Bringing Out the Best in People* [Cómo extraer lo mejor de las personas]: «No hay ocupación en el mundo más noble que ayudar a otro ser humano». Como lo resalté en el capítulo cuatro, Emerson dijo que siempre nos beneficiamos cuando ayudamos a otros.

EL VALOR QUE HE INFUNDIDO A LOS NUEVOS LÍDERES

He realizado algunos análisis en mis propias organizaciones para ilustrar la idea de infundir y recibir valor. Las escogí no porque sean los mejores ejemplos, sino debido a que las conozco bien. Con el fin de examinar el valor que yo había infundido en los líderes, pedí a diez de ellos que me dieran algunas respuestas. Sabían que estaba escribiendo este libro, así que les pedí: «Háblenme del valor que yo les he infundido y del que he recibido de ustedes». Lo que sigue es un resumen de sus respuestas. Dijeron muchas cosas agradables, pero esa no es la razón de que yo esté hablando de ellas. Las digo porque quiero ofrecer ejemplos concretos que muestran cómo el desarrollo de las personas produce resultados palpables que se pueden reconocer y pasar a otros (en el capítulo diez hablaré de cómo algunas de estas personas se ocupan del proceso de desarrollo de los que las rodean). Después de que usted invierte tiempo desarrollando a su personal se dará cuenta de que responderán de la misma manera que lo hizo el mío.

DAR EJEMPLO

La mayoría de los líderes de mi organización identificaron el ejemplo como algo importante que hago por ellos. Alguien dijo: «Trae justicia a la organización. Nunca pide más de lo que está dispuesto a dar. "Esta marca invisible" me proporciona constante motivación a dar lo mejor de mí». El ejemplo es un importante motivador porque muestra a los demás no sólo lo que usted espera de ellos, sino lo que se puede conseguir.

Una de las cosas más importantes que dijeron sobre el ejemplo que doy es que es una motivación para continuar creciendo personalmente. Reconocen su importancia cuando lo ven en mí, y pronto adoptan esa cualidad como propia. Aun si me dejaran mañana, continuarán creciendo porque ahora reconocen esa cualidad como de su propiedad.

VISIÓN Y DIRECCIÓN

El líder de toda organización próspera moldea visión para su personal. Me he asegurado siempre de que quienes están a mi alrededor conozcan mi visión, porque sin ese enfoque no podemos conseguir nuestras metas. Un miembro del personal observó: «Su habilidad para mantenerse concentrado en el panorama total... me aleja de tener una visión de túnel». Otro dijo: «Me proporciona visión y dirección. Al mantenerme en contacto con usted sé que tengo en la mira mi enfoque profesional». En *Visionary Leadership* [Liderazgo visionario], Burt Nanus escribió: «No existe un motor más poderoso para conducir a una organización hacia la excelencia y el éxito de largo alcance que una atractiva, valedera y alcanzable visión del futuro ampliamente difundida».

Tener y difundir una visión es más que conducir una organización. También provee a los individuos visión y dirección para sus vidas. A medida que contribuye a engrandecer las metas de la organización, ellos empiezan a identificar más claramente una visión para sí mismos. Cuando esa visión se vuelve más clara y el sentido de dirección más firme, sus vidas tienen más significado.

ÁNIMO Y AFIRMACIÓN

Todos los encuestados dijeron que se habían sentido animados por mí. Eso me deleitó porque más que cualquier cosa quiero hacerles saber que los amo y deseo lo mejor para ellos. Una persona dijo: «Personalmente me da ánimo y afirmación. Es el número uno haciendo esto que he visto en mi vida. Casi hasta erróneamente... Algunas veces me dirijo a personas que no hacen algo realmente bien pero que opinan que usted los amas». Otro dijo: «Se preocupa personalmente de mí, y creo que tiene en su corazón el más sincero interés hacia mí. Quiere que yo triunfe. Su actitud positiva y ánimo me muestran que es feliz cuando tengo éxito. Se preocupa por lo más importante para mí: mi familia».

Las personas de nuestra sociedad no tienen incentivos. Los desean desesperadamente pero no los obtienen con frecuencia. Hay dos motivos principales por los que mi personal se siente muy incentivado. Primero, paso tiempo conociéndolos y relacionándome con ellos. Sé quiénes son, de dónde son, quién es su cónyuge y quiénes son sus hijos. Conozco sus dones y metas. Los conozco en realidad. Segundo, los quiero y les expreso mi amor con regularidad. No hablo simplemente de alabar el trabajo que hacen. Les hago saber que me preocupo por ellos y que los amo primero como personas. No existe un substituto para una relación fundamental con los demás. Usted debe partir de ella si va a desarrollar a otros. Aun si lo único que hace es lograr que los demás sepan que los ama y los acepta, ya habrá infundido valor a sus vidas.

CREER EN SÍ MISMOS

La mayoría de las personas en quienes he invertido tiempo desarrollándolas no son individuos tímidos y modestos, e incluso no lo eran antes de conocerme. Sin embargo, se puede animar hasta a los que tienen confianza a creer más firmemente en sí mismos. Un miembro del personal escribió: «A menudo John entra a mi oficina para ver cómo me va, para afirmarme, para decirme otra vez cuánto aprecia el trabajo que efectúo. Desde el principio me estimuló a hacer todo lo que soñaba. Me animó a desarrollar proyectos que nunca antes había intentado y a que me mantuviera en crecimiento».

Una de las ideas que examino detalladamente en mi libro *La actitud ganadora*, es que nos es imposible actuar constantemente de manera incoherente con la idea que tenemos de nosotros mismos. Esto es cierto, no importa qué circunstancias positivas o negativas enfrentemos. Quienes creen que pueden triunfar, lo hacen aun cuando una y otra vez los golpee la adversidad. A otros en cambio se les puede dar lo mejor de la vida y fracasan porque se ven derrotados a sí mismos.

> Crea en los demás
> y se levantarán
> hasta la altura
> de esa opinión.

Cuando entran líderes a mi organización, creo en ellos, los animo y los incito a triunfar; esto ayuda a fortalecer su confianza en sí mismos. Trato de ayudarlos a obtener victorias cada vez más importantes. Los individuos se levantan casi siempre hasta donde usted espera de ellos. Crea en ellos y se colocarán a la altura de esa opinión.

BUENA DISPOSICIÓN PARA INTENTAR ASUNTOS NUEVOS

«John me da confianza para arriesgar y de ese modo alcanzar nuevas alturas. En todo momento cree sinceramente en mí», dijo uno de mis líderes. Uno de los más importantes resultados de creer en los demás es su buena disposición para tratar asuntos nuevos. Cuando hacen sólo lo que les parece cómodo, se meten en lo rutinario. Detienen su crecimiento. Pero al querer tomar riesgos, ejecutan tareas que parecían imposibles. Logran más de lo que pensaban y se vuelven mejores de lo que creían que eran. La clase de crecimiento que conlleva el riesgo infunde increíble valor a la vida de las personas.

DESARROLLO PERSONAL

He convertido en parte de mi vida sacar tiempo para desarrollar a quienes me rodean. Un líder dijo: «Usted me ha guiado y entrenado intencionalmente durante más de una década». Doy a mis líderes tiempo de consejería y asesoramiento. Los ayudo cuando luchan con situaciones difíciles. También programo tiempo para equiparlos con regularidad. Varios líderes citaron como algo muy valioso la enseñanza mensual de liderazgo que les doy. Otra me recordó por las experiencias que le he contado. Ella dijo: «Siempre quiere que las personas que lo rodean puedan experimentar con él los privilegios y oportunidades que ha recibido».

Busque oportunidades de brindar sus experiencias a los demás.

Intento dar a mi gente lo que puedo. Algunas veces les doy tiempo, otras veces dirección. Si puedo compartir una experiencia valiosa, lo hago. Por ejemplo, la misma miembro del personal a quien me referí en el párrafo anterior mencionó que con mi ayuda pudo desayunar en Corea con el doctor Cho, pastor de la iglesia más grande del mundo. Otro había soñado siempre con conocer a Bill Graham en persona. Cuando tuve una oportunidad de encontrarme con el grandioso evangelista, llevé conmigo a ese miembro del personal. Estos dos incidentes fueron emocionantes para ellos, sin embargo no son más valiosos que las experiencias de crecimiento que trato de tener con ellos día a día. Busco oportunidades de brindarme a mi gente, y usted también debería hacerlo con la suya.

COMPROMISO PARA EL CRECIMIENTO PERSONAL

Por ahora usted sabe cuán importante es el crecimiento personal para el éxito de un individuo. Es lo que infunde el valor supremo a su vida. He aquí lo que dijo una líder de mi organización:

John está comprometido a crecer tanto personal como colectivamente sin importar el costo. Puesto que vive siempre anhelando crecer, me proporciona energía, motivación y valor para tomar decisiones difíciles y para no sentirme satisfecha. Ha tenido que despedir empleados, decir no a alguien y dar prioridades en su vida para mantenerse en crecimiento. ¡Está dispuesto a pagar el precio de la soledad como líder!

Como ella lo indicó, no soy el único de mi organización que pago el precio del crecimiento personal. Los líderes que están en la cumbre se dedican a crecer todos los días. Si mañana me retirara de la organización, ellos continuarían pagando el precio necesario para mantenerse en crecimiento. Ya lo dijo Walter Lippman: «El examen final de un líder es que deje convicciones en otras personas, y que estas las transmitan».

DAR PODER

He descubierto que se confiere poder a las personas cuando se les proporciona oportunidad, libertad y seguridad. Doy a mis líderes la oportunidad de hacer cosas nuevas para la organización, la libertad de lograrlas usando iniciativa y creatividad,

> Se confiere poder a las personas cuando se les proporciona oportunidad, libertad y seguridad.

y la seguridad de saber que estoy con ellos cuando no todo sale según los planes. Un miembro de mi personal dijo: «Usted me ha asegurado que hará lo que esté a su alcance para ayudarme, lo que me proporciona un sentido de seguridad y confianza». Adoro ver que las personas de mi organización triunfan, lo que se consigue al darles poder.

Autorizar el poder puede tener sus bemoles. Usted debe balancear sus propias necesidades con permitir a sus líderes el desarrollo, mientras tiene siempre en mente los mejores intereses de la organización. Uno de los líderes identificó esto como «el principio de la cuerda»:

Constantemente John me da cuerda suficiente para permitirme efectuar el trabajo, pero no tanta que me pueda ahorcar... También equilibra el desarrollo de la persona con lo bueno de la organización, utilizando el «principio de la cuerda». Si el miembro del personal se va a desarrollar en el proceso, él esperará un poquito más de lo que preferiría para conseguir que algo se logre, pero nunca dejará que la cuerda sea tan larga como para herir a la organización como un todo.

Uno de los líderes que encuesté identificó el conferir poder como la característica que infunde el mayor valor a los líderes, al decir:

La motivación, el creer en las personas, la dirección y todas las demás características explotan lo que hay dentro del individuo. Conferir poder le infunde una nueva dimensión al individuo que a menudo no puede existir por cuenta propia... Existe una gran responsabilidad con el don de conferir poder. Con motivos erróneos, un líder puede conferir poder para su propio beneficio, en lugar del de los demás y de la organización. John coloca siempre a la organización y a su gente antes que él.

Añadir esa nueva dimensión a alguien de su organización no solamente lo convertirá en un líder más poderoso, sino que lo habilitará para recibir el valor del punto que sigue en la lista.

SER PARTE DE ALGO MÁS GRANDE QUE ELLOS MISMOS

> Una persona debe ser parte de algo más grande que ella misma para llevar una vida llena de significado.

Una persona debe ser parte de algo más grande que ella misma para llevar una vida llena de significado. Desafío a quienes me rodean a llevar una vida que no haga impacto temporal sino duradero. Quiero que cada miembro de mi personal se convierta en la persona que ha sido llamada a ser, que alcance su potencial. Por ejemplo, en sus inicios, una miembro era asistente administrativa. Ahora es una de las pastoras. Ella dijo: «Usted me motivó a tener grandes sueños y confiar en Dios para lo imposible».

Uno de los comentarios más animadores llegó de uno de mis colaboradores más cercanos en IN-JOY. Dijo: «Él me permite lograr en su compañía cosas más grandes de las que yo podría lograr solo». Eso es cierto, y también lo es que este hombre me permite lograr cosas más grandes de las que yo podría lograr solo. Esta es una de las mayores recompensas de infundir valor a las vidas de los demás: regresan multiplicadas.

> Una de las mayores recompensas de infundir valor a los demás es que estas regresan a usted multiplicadas.

EL VALOR QUE ME HAN INFUNDIDO AQUELLOS QUE HE DESARROLLADO

Si pudiera tan sólo infundir valor a mi gente sin recibir nada a cambio, lo seguiría haciendo. Pero esa no es la forma en que sucede. No importa cuánto doy, siempre recibo más a cambio. Es absolutamente increíble.

En mis años como líder organizacional he encontrado que todos los empleados están en una de dos categorías: los interesados en el sueldo y los que se ganan el sueldo. Los interesados dan tan poco como les sea posible y toman su salario. Los que se ganan el sueldo dan todo lo que tienen y contribuyen más allá del salario que ganan. He descubierto que quienes están dispuestos a ser desarrollados son ganadores del salario. Usted puede ver la diferencia entre las dos clases por lo que dicen:

Interesados en el sueldo	*Ganadores del sueldo*
¿Qué recibiré?	¿Qué puedo dar?
¿Qué haré para arreglármelas?	Haré cualquier cosa para hacerlo correctamente.
No es mi trabajo.	Cualquiera que sea el trabajo, puedo ayudar.
Otro es el responsable.	Soy el responsable.
¿Cómo puedo verme bien?	¿Cómo puede lucir bien el equipo?
¿Pasará?	¿Es lo mejor de mí?
Trabajo por lo que me pagan.	La paga es el producto de mi trabajo
¿Estoy mejor porque trabajo aquí?	¿Está mejor el equipo porque trabajo aquí?
Págueme ahora. Produciré más tarde.	Produciré ahora. Me puede pagar después.

He aquí las maneras específicas en que los líderes de mi organización aumentan mi valía. Esta lista consta de los puntos de valor que identificaron en respuesta a un memorándum que les envié. Agregué el «Equilibrio de dones», que es para mí un importantísimo valor agregado que no identificaron específicamente.

LEALTAD

Muchos de los líderes de mi organización identificaron la lealtad, hacia la organización y hacia mí, como una característica del aprecio que sienten por mí. Alguien bromeó: «Tal vez por él no bajaría un acantilado, ¡pero seguramente lo consideraría!» Otros mencionaron su deseo de proteger los intereses de la organización porque creen en ella, o protegerme de mis presiones menores que no necesito manejar por mí mismo. Estoy agradecido de todas esas declaraciones.

Reconozco también la lealtad de mis líderes como una confianza en lo que la organización hace y un sentido de compromiso para el equipo. Mis íntimos trabajan juntos maravillosamente. Parecen siempre listos a saltar y hacer cualquier cosa que puedan. Colocan sus propios intereses personales debajo de los intereses del equipo.

ÁNIMO

Animar a otros los hace querer lo mismo para usted. Uno de mis líderes escribió: «Hago lo posible por animar continuamente a John. Creo que todos necesitamos animarnos de vez en cuando. Él es un gran ejemplo en este aspecto, y me doy el gran placer de la reciprocidad».

Soy por naturaleza una persona muy positiva, por tanto no me desanimo. Sin embargo, mi agenda es a menudo muy exigente y llego a cansarme. Cuando esto sucede, mi personal está siempre allí por mí. No sólo me animan sino que se ofrecen a llevar la carga de la manera que puedan.

CONSEJERÍA Y APOYO PERSONAL

Un valioso resultado del desarrollo de líderes es la asesoría y el consejo que puedo recibir de ellos. Me beneficio del conocimiento y la sabiduría de los líderes de mi organización. Uno de ellos dijo: «Soy capaz de confrontar y discutir con John lo que pienso o siento, aun cuando sepa que tal vez no esté de acuerdo. No soy de los que dicen amén a todo». Disfruto al escuchar la perspectiva de otro líder, y honradamente la respeto. En efecto, la opinión de alguien que no está de acuerdo conmigo a menudo me enseña más que la perspectiva de quien concuerda conmigo. Otro líder dijo: «Creo que John sabe que siempre estoy preparado a proporcionarle mi contribución en cualquier área que requiere y desea. Sabe también que puede contar con mi total apoyo. Agradezco la ayuda y asesoría que me proporciona mi personal. Esto engrandece increíblemente mi vida.

SEGUIR ADELANTE

Tengo cerca de mí un grupo de personas a quienes llamo «los rematadores», porque puedo encargarles una labor o proyecto y saber que seguirán adelante hasta el mismísimo fin. Ellos implementan ideas, completan proyectos, manejan detalles y solucionan problemas por mí. Crean también y ponen en acción sus propias ideas dentro del contexto de la visión que les transmito. Favorecen constantemente las metas de la organización. Uno de ellos dijo: «Lo libero para que usted efectúe un trabajo más importante. Llevo parte de la carga».

La labor que hacen estos líderes es muy importante para la organización y para mí. Es un trabajo que se debe hacer, y que lo hacen eficazmente. Cada vez que enfrento un nuevo proyecto, tarea o actividad, me digo: «¿Hay alguien más en la organización que pueda hacerlo con eficacia?» Si así es, lo delego. Esto permite a algún otro seguir adelante, lo que en compensación conduce al siguiente elemento valioso que mis íntimos me proporcionan.

TIEMPO

Tengo en mi organización muchos líderes eficaces con grandes habilidades. Debido en parte al tiempo que he invertido en desarrollarlos, es muy poco lo que ellos no pueden hacer por la organización o por mí. Esto me da más tiempo para efectuar lo que sólo yo puedo hacer o que otros no hacen muy bien. Así dijo alguien de mi organización: «Le doy tiempo libre para que haga lo que hace mejor: enseñar, dirigir, predicar, motivar, etcétera». El tiempo es un increíble regalo que recibo. Quienes me rodean me liberan de ser un esclavo, de esta manera puedo lograr algo más importante.

EQUILIBRIO DE DONES

Tengo fuerzas y debilidades como todo el mundo. He podido mejorar algunas de mis áreas débiles mediante el crecimiento y desarrollo personal. Existen otras áreas en las que he avanzado mucho, especialmente en aquellas que van contra mi temperamento. Quienes me rodean me dan valor para equilibrar mis deficiencias con sus dones.

Nací con un temperamento colérico-sanguíneo con mayor influencia de lo colérico.[1] Disfruto haciendo que pasen las cosas y siempre estoy moviéndome hacia adelante. Detenerme a reflexionar en lo que he hecho no es mi fuerte. Por ejemplo, cada domingo predico en la Iglesia Skyline Wesleyan, de la que soy pastor superior. Hay ocasiones en que en un sermón enseño principios que podría mostrar a otros fuera de la iglesia o que podría incluir en una de las lecciones en casetes que cada mes envío a los líderes por intermedio de INJOY. Sin embargo, una vez que termina el último culto dominical, archivo el sermón y me dedico a mi siguiente responsabilidad. No pienso más en él. Esa es una debilidad.

Por fortuna, quienes he desarrollado me ayudan a redondear esas áreas de debilidad. En el caso de mis sermones, tuve una asistente por más de diez años que me hacía preguntas todos los lunes para hacerme reflexionar en lo que había enseñado. Entonces ella tomaba notas de mis comentarios y los archivaba para en el futuro usarlos en otras lecciones.

ATRAER A OTROS

Para que una organización continúe creciendo y desarrollándose debe atraer constantemente nuevos individuos de gran calidad. En el capítulo tres hablé de la importancia de tener líderes identificados y de reclutar líderes potenciales. A pesar de la importancia que tiene esto, no le puedo dar el tiempo que me

---

1. F. Littauer, *Personality Plus* [Personalidad y más], Revel, Grand Rapids, Michigan, 1994.

gustaría. Pero los líderes de mi organización lo hacen. Ellos están todo el tiempo levantando nuevos líderes. A diferencia de muchos que dirigen organizaciones, he sido afortunado de no encontrarme en la posición de tener vacantes de liderazgo sin personas que las puedan llenar.

DESARROLLO DE OTROS

Para cada líder que encuesté, el desarrollo de otros es una de sus prioridades máximas y un medio de hacerme ganar valor. Ellos saben que el desarrollo de líderes valoriza más que cualquier otra cosa que hagan. Acerca del desarrollo de otros, un líder escribió: «Esta es mi pasión: Seleccionar, preparar y desarrollar individuos para amar a Dios, así como para amar y dirigir a otros». Otro dijo: «Profundizo su organización de liderazgo disciplinando a otros y transmitiéndoles lo que John ha hecho por mí al proporcionarme, por ejemplo, un ambiente de crecimiento». El desarrollo de otros se concentra no sólo en los demás, sino también en ellos mismos, ya que continúan comprometiéndose con su crecimiento personal. Así comentaba un líder: «Trabajo en mantener la integridad personal y el desarrollo de mi carácter por el bien e influencia de la organización». Lo que él hace para su propio desarrollo tiene impacto positivo en todos los de su esfera de influencia, incluyéndome a mí.

AUMENTO DE INFLUENCIA

Lo verdaderamente primordial al desarrollar líderes a su alrededor es que aumenta su influencia. En mi libro anterior *El desarrollo del líder que está en usted*, doy la más adecuada definición de liderazgo que considero: *Influencia*. Uno de los líderes encuestados dijo: «Lo represento a usted ante las masas con las que no tiene contacto regular debido a que desviaría su tiempo y sus acciones». Él reconoció mis limitaciones personales, las que se multiplican al dirigir dos organizaciones: INJOY y la Iglesia Skyline Wesleyan. La asistencia a Skyline en un concurrido domingo es aproximadamente de cuatro mil personas. Si quisiera estar en contacto personal con cada una de ellas por treinta minutos, además de mis otras responsabilidades, tendría que reunirme con más de diez personas cada día durante seis horas, siete días por semana, durante cincuenta y dos semanas sin perderme a nadie o sin tener un día de asueto. Al cabo del año me habría reunido con todos los que asistieron a Skyline *un* domingo. Nadie podría mantenerse en pie a este paso.

Pero aunque no puedo reunirme con cada una de esas personas, puedo influir en ellas a través de mi equipo de líderes. Cada uno de ellos está en contacto y toca cientos de vidas, y desarrolla un equipo de líderes quienes a su vez alcanzan y tocan las vidas de otros. Mientras continúe creciendo personalmente y desarrollando a otros, mi influencia continuará creciendo. Para el final de mi existencia, si Dios me concede la vida productiva que espero, habré influido positivamente en más de diez millones de personas, no sólo por mí mismo sino a través de los líderes que he desarrollado a mi alrededor. Uno de los líderes de INJOY dijo: «Le ofrezco a John la oportunidad de aumentar su vía de influencia más allá de lo que podría hacer sin la ayuda de nadie».

Cuando desarrolla líderes en vez de seguidores, ellos harán lo mismo por usted, y mantendrán la tradición exactamente como algunos de mis líderes lo han hecho. El capítulo final de este libro describe cómo cuatro de los líderes que he desarrollado se han convertido en desarrolladores de primera clase de líderes.

La contribución eterna del líder:

REPRODUCIR GENERACIONES DE LÍDERES

«**E**s el momento para una nueva generación de liderazgo», dijo John F. Kennedy en una entrevista de televisión durante su campaña para la Casa Blanca en 1960. Tal vez ningún otro presidente más que Kennedy, primer comandante en jefe nacido en el siglo veinte, se dio cuenta de la necesidad de sucesivas generaciones de líderes. Emergió como el líder de una nación que estaba a punto de sufrir cambios radicales.

Como lo expliqué en *El desarrollo del líder que está en usted*, la mayoría de las personas creen que cada nueva generación de líderes nace en vez de desarrollarse. Piensan que salen del vientre materno como líderes y que sencillamente esperan hasta que crecen lo suficiente para tomar su legítimo puesto en la sociedad. En consecuencia muchos líderes están dispuestos a producir seguidores, esperando que aparezcan nuevos líderes en el escenario cuando llegue el momento. Esa clase de líderes no tiene idea de cuánto limitan su propio potencial y el de quienes los rodean.

Como lo dije antes, un líder que produce seguidores limita su éxito hasta donde alcanza su influencia personal y directa.

Este éxito termina cuando ya no puede dirigir. Por otra parte, un líder que produce otros líderes multiplica su influencia, y tanto él como su personal tienen un futuro. Su organización continúa creciendo y desarrollándose aunque él no pueda seguir con su papel de liderazgo.

> **Un líder
> que produce
> otros líderes
> multiplica
> su influencia.**

Usted puede como líder haber seguido todas las pautas de este libro. Ha creado el ambiente idóneo e identificado a los líderes potenciales. Los ha cultivado, preparado y desarrollado. Ha construido un equipo grandioso y aprendido a entrenarlo. En este momento quizás pueda pensar que su trabajo está hecho. Pero no es así. Existe un elemento más importante, y es el verdadero examen para un líder que desarrolla otros líderes: Las personas que ha desarrollado deben continuar la tradición de desarrollo y producción de una tercera generación de líderes. Si no lo hacen, el proceso de edificación se detiene con ellos. El éxito verdadero llega sólo cuando cada generación continúa el desarrollo de la siguiente, enseñándole el valor y los métodos de desarrollo para el próximo grupo de líderes.

He invertido la mejor parte de mi vida desarrollando líderes que están en proceso de producir otra generación de líderes. A propósito, la nueva generación que están desarrollando incluye a muchas personas cronológicamente mayores que ellos. En efecto, la

> **El éxito verdadero
> llega sólo cuando
> cada generación continúa
> el desarrollo
> de la siguiente.**

mayoría de quienes he desarrollado son mayores que yo; estaba en la segunda década de mi vida cuando me llegó el llamamiento a dedicarme al proceso de desarrollar líderes a mi alrededor.

Muchos líderes cometen la equivocación de creer que pueden desarrollar sólo personas iguales a ellos: en personalidad, temperamento, habilidades innatas y educación socioeconómica.

Pero no es verdad. Los líderes pueden desarrollar muchas clases de personas. En mi vida hay cuatro personas que considero mi más grandioso éxito en el desarrollo del liderazgo, y en cada caso hubo diferentes requerimientos. Sin embargo, ellos se desarrollaron y han dado gran valor a mi vida, más que nadie fuera de mi familia. Uno por uno no sólo han aligerado mi carga y extendido mi influencia, sino que han tenido un éxito especial al seguir con la tradición de desarrollar líderes a su alrededor.

Cada uno de ellos representó para mí un desafío distinto como promotor de líderes. Todos tenían diferentes niveles de experiencia. Sus temperamentos diferían del mío y entre sí. Algunos tenían habilidades de relación bien desarrolladas mientras que otros no. Pero a pesar de sus diferencias fueron capaces de convertirse en líderes y de desarrollar a otros líderes. He descubierto tres elementos que se requieren para que una persona llegue a ser un líder:

EL DESEO

La habilidad de convertirse en líder empieza con el deseo. Es el único requisito que el promotor no puede proporcionar. La intensidad del deseo decidirá enormemente el progreso del líder potencial. Un gran deseo puede vencer una multitud de deficiencias naturales en un líder.

LA HABILIDAD PARA RELACIONARSE

En toda mi vida nunca he visto un gran líder que no tenga extraordinaria habilidad para relacionarse. Esta es las más importante de las habilidades de liderazgo. Sin ella una persona no puede dirigir eficazmente. Muchos creen que esta habilidad se determina al nacer y que no se puede aprender, pero no es cierto. El temperamento de las personas las inclinan a relacionarse con otras de una manera particular, pero no dicta-

> **La habilidad de relacionarse es la más importante en el liderazgo.**

195

mina su habilidad para relacionarse. Hasta el más melancólico e introvertido individuo puede aprender a desarrollar buenas relaciones. Para casi todo el mundo, la habilidad de relacionarse se puede aprender y mejorar.

LAS HABILIDADES PRÁCTICAS DE LIDERAZGO

Estas son los «cómos» del liderazgo, los que un individuo adquiere mediante el ejemplo, la preparación y el desarrollo. Estas también se aprenden.

A medida que hable de cada uno de los cuatro líderes se las iré presentando, todos tienen diferentes habilidades pero en común tienen un gran deseo.

UN SEGUIDOR LLEGA A SER UN LÍDER

Barbara Brumagin, quien fuera mi asistente personal durante once años, se convirtió en una muy competente secretaria. Trabajó duro y tenía un extraordinario corazón de sierva, pero no dirigía a otros. Esta no era parte natural de su personalidad, ni estaba bien preparada para dirigir. Siempre había sido una seguidora, pero vislumbré que tenía un enorme potencial y lo más importante, un gran deseo.

Cuando llegué a la Iglesia Skyline empecé a buscar una asistente, y uno de los pastores me recomendó a Barbara. Cuando nos conocimos para discutir el cargo y empecé a hacerle preguntas se mostró muy reservada, al punto de casi ser descortés. Cambié rápidamente de táctica y reinicié la conversación. Le mostré mis metas y mi visión para la iglesia, para mí y para ella. Después de escuchar unos pocos minutos comenzó a comunicarse conmigo. Vi de inmediato que era perfecta para el cargo y la contraté. Más tarde averigüé que ella había asistido a la entrevista contra su voluntad debido a que tenía la visión de que ser secretaria de una iglesia sería aburrido y que carecería de oportunidades de crecimiento. Estaba más interesada en aprender y crecer, y lo hizo. Era como una esponja.

Con el desarrollo de Barbara fui lentamente. Le tomó cerca de dos años sentir confianza verdadera en su cargo y empezó a mostrar señales de liderazgo. Fui para ella ejemplo de liderazgo, la expuse a que enseñara y trabajé enérgicamente con ella. Fui siempre cauteloso de pasar tiempo explicándole no sólo lo que yo quería que hiciera sino porqué quería que lo hiciera. Hace poco me dijo que en ese entonces sentía que se desarrollaba personalmente todos los días. Después de que habíamos trabajado juntos por pocos años, ella me conocía tan bien que podía responder cualquier pregunta por mí o tomar cualquier decisión casi de la misma manera en que yo lo haría. En efecto, una vez ella y yo respondimos un examen de personalidad. Respondí cada pregunta, y luego ella respondió las preguntas como *pensaba que yo lo haría*. Cuando comparamos las respuestas había fallado sólo en dos preguntas. Señaló inmediatamente que había fallado una de ellas porque yo la hubiera contestado mal, ¡y no se equivocó!

Tal vez usted esté preparando gente para desarrollar que no son líderes, como no lo era Barbara. Si es su caso, hay cuatro elementos que debe recordar a medida que los desarrolle:

MANTENGA UN AMBIENTE POSITIVO

Se debe proveer a los individuos que aun no tienen habilidades de liderazgo, un ambiente que sea positivo y propicio para su crecimiento. Sin ese ambiente tendrán temor de crecer. Con él estarán dispuestos a aprender e intentar nuevos retos. Proporcióneles esa clase de ambiente; entonces se mantendrán tan cerca de usted que pueden empezar a conocer su manera de pensar.

EXPRESE GRAN FE EN ELLOS

Las personas que no están por naturaleza inclinadas hacia el liderazgo y que no tienen experiencia en él se desaniman con facilidad y a menudo. Cometen muchos errores, especialmente en sus inicios, puesto que no han sido líderes con anterioridad. Con seguridad su desarrollo es un proceso largo. Al expresarles su fe en ellos los anima a perseverar, aun cuando la situación se vuelva difícil.

CONFIÉRALES PODER

Al principio los seguidores son reacios a asumir funciones de liderazgo, por lo tanto sus líderes deben investirlos de poder. Comience caminando al lado de ellos y dándoles autoridad en su nombre. A medida que adquieren experiencia usando esa autoridad, empiece a darles mando propio, primero en pequeñas cantidades y luego en grandes. Es importante que los afirme también en público, lo que refuerza su autoridad y competencia. Con el transcurso del tiempo otros empezarán a reenmarcar su visión de nuevos líderes, y su imagen de sí mismos como líderes cambiará también. Con el tiempo los demás comenzarán a reconocerlos como su autoridad.

HAGA ÉNFASIS EN LAS FUERZAS DE ELLOS

Es muy importante que inicie el proceso de desarrollo haciendo énfasis en las fuerzas de ellos. Puesto que nunca antes han experimentado muchos triunfos en el liderazgo, ahora necesitan unos pocos en su haber. Esto en verdad acelera el proceso de desarrollo y lo nuevos líderes empiezan a mostrar ímpetu.

Cuando inicia el desarrollo de un seguidor para hacerlo un líder, el tiempo y energía requeridos pueden hacer lento el progreso. Tal vez usted se sienta tentado a detener el desarrollo de esa persona, pero no lo haga. Sería un error fatal. En el caso líderes mal dirigidos, así también debe *apretar el paso* para fortalecer buenos líderes. Ellos prácticamente se enseñan a sí mismos. Levantan las cosas sólo con estar a su alrededor, a menudo con poco o sin ningún esfuerzo de su parte.

Si usted es tan afortunado de tener sólidos líderes en su esfera de influencia, comience a desarrollarlos haciendo lo siguiente:

ORGANÍCELES UN PLAN PERSONAL DE CRECIMIENTO

La mayoría de los líderes están creciendo, pero por lo general no tienen un plan personal para su desarrollo. Después de que usted ha logrado conocer sus fuerzas, debilidades, deseos, metas, etc., siéntese con ellos y prepare un plan personal de crecimiento adaptado a ellos. Luego deles seguimiento para animarlos, revisar su progreso y ayudarlos a hacer ajustes.

CREE OPORTUNIDADES PARA EXIGIRLES

Es mientras desarrollamos actividades en que creemos que vamos más allá de nuestras capacidades cuando ocurre nuestro mayor crecimiento. Esto acelera en realidad nuestro desarrollo. También nos proporciona oportunidades adicionales de aplicar los principios que estamos aprendiendo. Cuando desarrolle líderes, planee colocarlos en situaciones de exigencia.

APRENDA DE ELLOS

También aprendo cuando invierto tiempo desarrollando a quien ya es un buen líder. Usted también aprenderá mucho de los líderes siempre y cuando mantenga una actitud dócil. Planee con ellos la participación de proyectos. Esta es una gran manera de aprender y de obtener fabulosos logros al mismo tiempo.

Dick y yo hicimos muchas cosas juntos, y continuamos aprendiendo mutuamente. Él, al igual que Barbara, Dan y

Sherryl es extraordinario al continuar el proceso de desarrollo. Durante el tiempo en que lo he conocido ha desarrollado en persona uno por uno a cerca de veinte hombres en Skyline. Trajo a INJOY el mismo modo de pensar, no sólo con los empleados sino con los clientes. Nunca pierde de vista el hecho de que la nuestra es una organización cuyo propósito es preparar y desarrollar líderes. Todas sus decisiones se basan en pensar de esa manera. De lo que más orgulloso está es probablemente del modo en que desarrolla a sus hijos. Tiene muy buena relación con ellos y hace todo lo que puede para enseñarles la clase debida de actitud. Así les dice: «Lo que cuenta no es lo que les sucede, sino lo que pasa dentro de ustedes».

El desarrollo de Dick lo ha transformado. Él ya era un líder sólido, pero hoy día es un sólido edificador de líderes. Para él, desarrollar a otros es ahora como respirar. Sin esta cualidad no sería lo que es.

> Lo que cuenta
> no es lo que le sucede,
> sino lo que pasa
> dentro de usted.

Esa es la clave para desarrollar líderes a su alrededor. Como líder usted debe hacer del desarrollo de otros una forma de vivir. Cuando lo vive, su éxito en la vida se multiplica de manera exponencial. Su influencia se extiende increíblemente más allá de su alcance personal. Un futuro positivo se le asegura. Los líderes que no desarrollan a otros verán un día su éxito contra la pared. No importa cuán eficaz y estratégicos sean, no les va a alcanzar el tiempo.

Descubrí que eso es cierto en mi vida. No puedo crear por mí mismo más material del que actualmente creo. No puedo guiar más personas de las que hoy día guío. No puedo viajar y dictar más conferencias de las que ahora dicto. Soy una persona llena de energía, pero he llegado a mis límites físicos. La única manera de hacer más es a través de otros. Cualquier líder que aprende esa lección y hace de ella un estilo de vida, nunca se dará de nuevo contra la pared.

Por lo tanto le pregunto: ¿Está usted desarrollando los líderes que lo rodean?